A Luz ao seu Lado

A Luz ao seu Lado

As Energias Celestes envolvem a Humanidade

Nelson Theston

Capa, Projeto Gráfico
e Editoração Eletrônica: Marina Avila

Revisão: Vanderlei Nery da Rosa

Foto de Capa: © Pindyurin Vasily

T413l Theston, Nelson.

A luz ao seu lado : as energias celestes envolvem a humanidade / Nelson Theston. - Nova Petrópolis : Luz da Serra, 2011.

192 p. ; 16x23 cm.

ISBN 978-85-64463-06-6

1. Anjos. 2. Espiritualismo. I. Título.

CDU 235.1

Catalogação na publicação: Renata de Souza Borges CRB-10/1922

Luz da Serra Editora Ltda.
Av. Frederico Michaelsen, 839.
Bairro Logradouro - Nova Petrópolis / RS
CEP: 95150-000
www.luzdaserra.com.br
atendimento@luzdaserra.com.br
Fone: (54) 3281.1226

Impresso no Brasil - 2011

Encontro com o Anjo

Nossa, quanta honra ser acompanhado
por Seres tão divinos.
Os chamados Seres de Luz
como sempre os chamei.
São todos como os via.
Eles existem dentro e fora de mim.

PREPARO-ME PARA ESCREVER SOBRE O QUE RACIONALMENTE ESCOLHI

Depois de dois dias atribulados sinto uma forte torrente de inspiração para escrever. Ainda não sei especificamente quais serão os temas. Porém já estou aqui sentado, pronto para começar a obra sobre as minhas experiências profissionais com pessoas. Espero que possa ser tão útil quanto foram as interações vividas com meus consultantes e os resultados gerados tanto nos encontros de sessões individuais, cursos e palestras, quanto nas aplicações práticas que eles realizaram em suas vidas.

Sempre antes de começar a criar algo é importante fechar os olhos por alguns instantes e invocar o seu poder pessoal para que os melhores pensamentos se alinhem e fluam. E da minha parte incluo uma forte prece, que crio na hora, pedindo ao mundo espiritual para que também tragam inspiração, gerando soluções criativas para que a meta possa ser alcançada.

Farei uma conexão com minha mente superior, pedindo que me dê agora excelentes textos. Que eu possa também captar as orientações e ideias provindas das mentes superiores dos Mestres Ascensos e todas as classes de Anjos. Fecharei os olhos para aumentar a minha força de pensamento, elevar minha vibração e receptividade às ideias sobre o que deverei escrever. Fecho os olhos e inicio o processo de conexão superior.

E eis que a minha frente é preenchida pela imagem e presença de um Anjo. Ele me cumprimenta dizendo um "oi" muito simpático, demonstrando disposição e interesse em manter contato.

Eu já sei que estou diante de um ser angélico e estou decidido a escrever nosso diálogo, para que mais pessoas possam se beneficiar com a energia da conversa.

Escreverei rapidamente, contando esta experiência para você que vai acompanhar tudo o que irá acontecer daqui para frente. Eu não sei como será. Estou com uma sensação agradável, mesclada com uma expectativa juvenil. Descobri que ao abrir os olhos para escrever não o enxergo. Vou tentar continuar escrevendo com os olhos fechados.

Agora o vejo novamente. Disse para ele, ou talvez ela, que desejo escrever um livro e que relatarei a nossa conversa para o benefício de todos os leitores que se sentirem inspirados a ler o material.

— Olá. – Eu o cumprimentei, consciente de que a minha mente precisa estar estabilizada para que a comunicação continue acontecendo.

— Oi! Sou o Arcanjo Gabriel. – Sua presença amistosa e calma já é um aprendizado por si só.

— Bem vindo, Senhor Arcanjo Gabriel. – O reverencio respeitosamente.

— Prefiro me apresentar como tantos já nos conhecem. Trabalho em unidade de consciência com o Gabriel. Sou parte da sua extensão. Somos unidos numa só energia, numa só consciência e num só nome. Na verdade trabalhamos juntos pela mesma causa que é o restabelecimento da luz e da justiça na Terra e em outros planetas e dimensões.

— Em que posso ser útil?

— Basta escrever o que lhe direi e pronto. Estou grato por ter aceitado o contato.

— Eu aceitei o contato?

— Sim. Nesta noite você orou e pediu ajuda e iluminação para escrever uma obra que ajude a transformar as pessoas. Por isto estou aqui. Pode abrir os olhos.

— Muito obrigado. Quero dizer ao Senhor e aos leitores que sinto um enlevo espiritual, uma sensação de torpor no peito, como se eu tivesse realmente contatando um Anjo, quer dizer um Arcanjo.

— E não está? Como vê agora está de olhos abertos e continua me vendo. As pessoas sensitivas podem nos perceber com mais facilidade. Porém também podemos nos revelar, deixando ser vistos, sentidos ou ouvidos sempre que tais experiências sejam úteis para o despertar e desenvolvimento espiritual de alguém.

— Sim. Compreendo. Mas outras vezes que o vi o senhor estava bem maior e parecia mais incisivo.

— Sou a manifestação divina em várias formas. Para comunicar a energia que desejamos passar neste momento, é assim que devo me apresentar. Assim você percebe não somente as palavras que tenho para dizer, mas também o conteúdo invisível que a presença tem para contar.

— Entrego-me ao senhor, Arcanjo Gabriel, para que eu possa ser seu instrumento neste momento.

— Isto já aconteceu. Mas quero que saiba o quão importante é entregar-se conscientemente novamente. Cada um de vocês que está em momento de aflição ou mesmo de grande busca pela evolução espiritual deveria sempre manter em sua mente que a fé e a devoção no seres angelicais são fundamentais para conseguir galgar patamares maiores da própria evolução.

— Posso lhe pedir para contar uma história. É que ao fechar os olhos agora sinto dentro do meu coração esta vontade intuitiva de lhe fazer este pedido.

— Isto é conexão. Não estou aqui por acaso. Pode abrir os olhos novamente.

— É que parece que sinto melhor sua presença, sua graça e a sua divina presença quando cerro os olhos.

— Entendo. Mas agora sua tarefa é levar mensagens escritas pela luz para mais e mais pessoas. Não estou aqui por acaso, como já dizia antes. O que vim fazer aqui é abrir os seus olhos para evitar a traição pelo seu próprio ego. Você pensa que não estava a altura de outros escritores para comunicar luz aos leitores de obras de transformação espiritual. Você está equivocado. Digo-lhe isto com carinho. Retorne sua memória aos teus dois últimos dias. Estava se debatendo diante da grande vontade de escrever e o pensamento que lhe golpeava de não conseguir ser um bom comunicador pela escrita. Se você fala para tantas pessoas, por que também não poderia escrever para multidões?

A história que você pediu na última oração, eu já a narrei no início deste ano. A você me apresentei como Gabriel. Onde está a história daquelas crianças que já nasceram candidatas a se tornarem Anjos? Ela é verídica e faz parte desta obra. "Vão cair muitas fichas" para muitas pessoas ao lerem o que ali está escrito. Simplesmente a inclua neste livro. E está feito.

Agora estou indo. Mas pense e reflita que não foi só você quem pediu esta história e outras que surgirão. Mais almas do planeta Terra as pediram. Outras que farão parte desta obra foram escolhidas por nós. Os leitores se sentirão de alguma forma sensibilizados ou elevados. Para muitas pessoas será mais um leve despertar de suas consciências. Para outras será o encontro delas com partes que queriam entender das suas próprias experiências. Outras ficarão com uma semente guardada. Um dia a energia movimentada na leitura será útil. Em qualquer circunstância, toda a leitura realizada a partir de um material vindo das esferas superiores, como este que veio do mundo angelical, servirá para realizar conexões com as partes mais refinadas e elevadas da espiritualidade.

Cuidem da qualidade da energia que as suas leituras geram. Selecionem bons textos de obras que elevam a consciência, despertam suas almas, limpam sua mente e geram bons sentimentos.

Assim vocês praticarão o que falo na história das crianças, que é o nosso serviço: torná-los pessoas cada vez mais especiais e evoluídas.

— Eu o saúdo do fundo do meu coração. – Digo em reverência para Gabriel. Ao me despedir deste ser tão especial, vejo-o em sua postura levemente reclinada em minha direção, sorrindo, em silêncio, com olhar terno.

Aos poucos se amplia a visão e passo a enxergar o movimento de muitos Anjos em ação. Servindo com amor. Agora não dá tempo para descobrir as suas especialidades. Isto não importa. A imagem traz uma sensação agradável. Escrevi até aqui com as pálpebras cerradas. Agora abro os olhos, os quais nem sei quando havia fechado.

Intuo que a trajetória sobre as crianças candidatas a se tornaremem Anjos, narrada por Gabriel, será a mensagem final desta obra.

Meu chacra cardíaco transborda de amor. Meu peito precisa ser aliviado com algumas profundas respirações que me permitem acomodar a energia da emoção dentro do meu ser.

As Engrenagens voltam a se Movimentar

por Nelson Theston

Normandian é um ser angélico representante de Gabriel. Tamanha a sua aproximação vibracional, o percebo agindo como se fosse o próprio Arcanjo em suas atividades.

Os Arcanjos, assim como outros seres de luz que acumulam grandes lideranças e responsabilidades, atuam em equipes uníssonas e muito bem treinadas. Sempre que necessário, seus membros agem e interagem apresentando-se com a sua "marca" original do grupo ao qual pertencem. Um verdadeiro exemplo de equipe. Entendo que Normandian quis explicar sua função para trazer à tona uma informação de como uma parte organizacional das estruturas angélicas funcionam. Seu interesse é pelo esclarecimento e sua devoção e fidelidade a Gabriel apresentam-se absolutas. Todos estes seres sabem prestar louvores contínuos a Deus e isto os torna cada vez mais elevados e puros. Os Anjos são poderosos. Não se engane em pensar em Anjos de fraldas, com rostinho de bebê e olhar ingênuo. São sábios, compreensivos, corajosos e aprendem a essência de tudo sem necessitar estudos da forma como aprendemos por aqui. Possuem acesso instantâneo ao conhecimento utilizando a intuição.

Normandian, em outras palavras, é integrante da legião do Arcanjo Gabriel. Todos os integrantes de cada legião estão interconectados por um campo inteligente e em evolução. Cada classe de Anjos tem suas próprias formações com membros que estão interligados nível por nível.

As atividades de todos, qualquer que seja o nível, função e atividade são diretamente coordenadas pelas consciências mais elevadas daquela órbita de energia da qual cada um pertence. Tudo está encaixado. Tudo está sincronizado. Daí vem os níveis hoje aceitos, classificados por Dionísio, que se diz serem os seguintes: Anjos, Arcanjos, Principados, Potestades, Virtudes, Dominações, Tronos, Querubins e Serafins.

Para cumprir os principais objetivos deste livro, não necessitaremos detalhar os coros de Anjos dados na classificação acima. O mais importante é o fato de que toda a luz necessária para cada um de nós nos será dada, de acordo com a nossa vontade, disposição e ação para alcançá-la.

A partir da aparição de Normandian e também diretamente da consciência de Gabriel, foi dado o início de um processo de contatos telepáticos originando muitas mensagens ao longo de aproximadamente quatro anos, que foram formando o corpo desta obra. De tempos em tempos, as energias dos Anjos se manifestavam, e eu, durante o processo de conexão procurava registrá-las via escrita.

A minha intenção de escrever um livro foi muito clara desde o início. E a área escolhida foi a de autoajuda. Porém desde a primeira vez que sentei para escrever, passei a ouvir, enxergar e sentir a mensagem viva dos Anjos em minha mente e suas presenças nítidas diante dos meus olhos.

Passavam-se três meses e nenhuma nova aparição ou história surgia, para que eu pudesse completar o livro que os Anjos mentores começaram. Eu aprendi ao longo de seus contatos que o livro deveria conter as mensagens dirigidas por eles, pois assim foi desde o início. Restava-me aguardar o surgimento das peças complementares deste tabuleiro espiritual.

Os Anjos mentores da obra pareciam ter sumido. Certo dia tive a oportunidade da revelação sobre o que aconteceu com os candidatos a se tornarem Anjos, chamados Maciela e Tobias. Mas foi uma das poucas vezes que não era para escrever. Tratava-se de uma revelação que me tocou profundamente. Ter notícias sobre o paradeiro daquelas crianças me comoveu. Porém continuava com um livro inacabado que precisava de novas orientações que não vinham. Recusei-me a escrever por minha livre criatividade, por querer manter o padrão de orientação que até então formaram os capítulos. Então entreguei o assunto aos Anjos e ao Criador. Algum propósito existia. Sabia que em algum momento as engrenagens voltariam a se movimentar.

Continuei tendo constantes experiências com Mestres Ascensos, Mestres Tibetanos e outros seres de luz. Porém não eram conhecimentos que se incluíam especificamente no projeto do livro.

Em meus aposentos, orava profundamente aos seres angélicos. Conversava com os mentores do futuro livro pedindo para que eu pudesse estar apto a concluir esta obra, caso fosse de suas vontades. De minha parte ofereci o meu tempo, dedicação e receptividade.

Ali estavam as presenças angelicais novamente, inspirando-me. Reconheci que eram os Anjos mentores das histórias que eu já havia escrito através de seus intermédios. A orientação recebida é a de escrever as novas mensagens que passaria a receber. Até poucos dias atrás, estava me sentindo incapaz de sequer buscar contato para dar continuidade aquilo que percebia que não havia acabado. Cheguei a questionar em meu raciocínio limitado e egóico, que talvez não fosse eu a pessoa indicada para concluir a obra. Superadas estas bobagens provindas do ego negativo e limitado, centrei a minha força, preparei-me espiritual e mentalmente e entreguei-me aos textos que viessem.

A partir de agora convido você para entregar-se às vibrações que os Anjos trazem e geram. O que virá são textos recebidos durante os quatro anos que mencionei. Todos têm algum propósito para estarem aqui. Você é que vai descobrir, mas principalmente experienciar.

Nascendo como Anjo

por Normandian

Adquiri a simplicidade e poder da forma angelical, — conta-me o ser angélico Normandian — quando fui apresentado pela primeira vez ao Grande Arcanjo, Gabriel.

Foi um momento sublime, que vou narrar de forma simplificada. Fui conduzido por dois Anjos guardiães que estavam sempre a postos para servirem ao Anjo Gabriel. Após, tive a necessidade de renunciar definitivamente a todas as formas materiais que me atraíam no passado e as quais havia resquícios no meu inconsciente. Meus treinamentos e desenvolvimentos para tornar-me Anjo finalizaram e agora estava prestes a inaugurar a próxima etapa.

Na medida em que ia me aproximando do ambiente do Grande Arcanjo, percebia que minha purificação aumentava e eu já ali naquele caminho passava por uma preparação para a iniciação.

Acreditem se quiser, mas nós Anjos temos o poder e uma predisposição consciente a ajudar. E há muitas qualidades a despertar, que ainda estão latentes. O fato de sermos Anjos, não significa que estamos totalmente prontos e que atingimos o ápice da evolução espiritual.

Existem muitos degraus a subir. E definitivamente sei que um dia subiremos cada um deles. Alguns de nós escolhemos crescer dominando novas artes e formas de energia, para então evoluir até um reino mais alto, mas, escolhi por alguns séculos, na verdade dois do tempo terrestre, para dedicar-me inteiramente às atividades que os Anjos podem realizar no mundo físico do planeta Terra e também juntos daqueles que desencarnam e necessitam de apoio, alento e orientação.

Ali estava eu na sala do Arcanjo, aquele ser lindo, exuberante, com duas grandes asas de energia em tons levemente azulados e com a sua espada flamejante pendurada por um fio dourado na altura da sua cintura.

Seus olhos brilhantes passam doçura e paz, que numa aura de tranquilidade e amor, torna-nos seres mais puros ainda e com a sensação de que até aqui cumprimos nosso dever, mas que há muito mais a cumprir dos desígnios da grande obra do Criador.

— Sente-se. – Disse Gabriel

— Obrigado. – Respondi a ele. Enquanto fazia o movimento de sentar-me na poltrona à sua frente, mantive meus olhos fixos nos seus olhos, afinal, o seu poder e sua força ao mesmo tempo em que envolve, constrói e tece o amor dentro de nós.

— A partir de hoje, você, Normandian, se chamará Gabriel e fará parte da legião de Anjos que trabalham no combate da interferência das trevas no caminho da luz. Sua ocupação não será estritamente com as trevas e suas artimanhas, que bem sabe são muitas. Também trabalhará com as almas e para as almas que estão interessadas em evoluir e decidiram em algum momento de sua existência estabelecer um contato definitivo com o Céu de Luz do Senhor. Você as encontrará, na grande maioria das vezes enrodilhadas nas teias do seu próprio ego. Às vezes bloqueadas, trancadas e aparentemente incorrigíveis. Mas basta um pouco de dedicação e se tornarão grandes e reluzentes pontos de luz naquele plano tão especial em que habitam.

Você trabalhará sozinho ou em equipe, tudo depende da missão que será realizada. Porém sempre sob minha orientação e do colegiado de Arcanjos. Nada precisará temer. Bem sabe que não é necessário temer aos teatros montados pelas esferas sombrias, porque você é indestrutível. Porém, sempre cuide para manter em sua essência o poder flamejante do amor, da justiça e do equilíbrio vibracional. Você é uma extensão de Deus, que ativa e compassivamente alivia o sofrimento que muitas mentes criaram para si.

Tem alguma pergunta Gabriel? – Nestas alturas, Normandian, já é chamado de Gabriel.

— Gabriel, sei que tenho todo o amparo dos reinos da luz, mas para quando estiver sozinho em minhas missões, quero a sua outorga para chamar ajuda extra.

— Toda a força extra que necessitar lhe será enviada. Basta acionar em sua estrutura mental a necessidade de ajuda. Ali estarão quantos forem necessários para lhe dar apoio em sua empreitada. Trabalhamos em equipe o tempo todo. Estamos conectados por fios de luz divinos que nos mantém sempre energizados e alertas.

Você receberá mensagens telepáticas e a partir de agora com facilidade poderá enxergar os mundos paralelos com muita precisão. Sugiro que ocupe-se em aprender a lidar com este poder nos próximos momentos. Assim você pode estar mais dentro do tempo presente, cumprindo sua função nas dimensões em que está autorizado a atuar.

Quando Gabriel terminou a sua explanação, tudo à volta foi tomado por raios de luz multicoloridos que desciam como se fossem gigantescas cascatas. Surgiam grandes cilindros semelhantes a tubos de luz, que transportavam muita energia para o ambiente. Então as músicas celestiais se intensificaram e meu ser foi se expandindo ao ponto de experienciar a sensação de uma maior e mais completa conexão com a mente o e amor do Criador e todos os mundos divinos.

Atuando em Nome da nova Missão

por Normandian

Passei a treinar minhas novas habilidades que se tornaram muitas. Minha velocidade de deslocamento se tornou instantânea. Senti fortalecerem-se e estabilizarem-se dois grandes vórtices de energia em minhas costas, que me deram condições de manter-me em intacto padrão vibracional angelical. Entendi que se não fossem aquelas duas grandes asas, como chamava nas minhas encarnações no planeta Terra, não teria condições de estabilizar e manter toda a quantidade de energia que passamos a ter em nossa estrutura genética e energética.

Resolvi contar de minha experiência com Gabriel, por ter interesse que todos saibam mais sobre o reino angelical, os domínios da luz e também sobre o papel que Gabriel cumpre em minha vida.

Deveras, mais importante, é minha missão presente e não o que já aconteceu comigo. Mas em algum momento oportuno, darei mais pinceladas e me aprofundarei em outras questões, sempre com o intuito de trazer a cada um dos leitores a consciência mais manifestada dos reinos da nossa (as suas e a minha) luz.

Natanael, um Anjo da categoria dos Principados – aqueles que entre outras funções protegem os líderes da comunidade — me chamou para uma nova experiência. Estava já habituado a enxergar todo o mundo angelical e também o das formas físicas e as demais dimensões em que um ser humano e outros seres espirituais habitam. Fui chamado para compor uma equipe de apoio e resgate de um grupo de religiosos que haviam se acidentado durante uma viagem. Enquanto todos atravessavam uma pequena ponte, devido a forte enxurrada, parte do grupo aguardou o tempo acalmar do lado direito da ponte, onde havia um abrigo feito com árvores cortadas por camponeses. Como o abrigo estava no pé da montanha, sabíamos que o risco de haver um desabamento era iminente.

Natanael e Guizolís, seu assistente, já haviam procurado intuir ao grupo que deveriam rapidamente passar a ponte. Eles foram até os mais sensitivos entre eles, assim conseguiram um resultado parcial. Um dos líderes, intuído sobre o risco de permanecer no abrigo, não acreditou na sua intuição e preferiu ficar com parte do grupo.

Encontrava-me envolvido de amor, pois minha primeira missão como membro do grupo de Arcanjos estava começando. Eram todas pessoas bem intencionadas e nenhuma delas certamente gostaria de partir dos seus corpos físicos naquele momento. É o instinto biológico e espiritual de preservação que estava aflorando neles.

As que ficaram no local começaram a rezar, enquanto a outra parte do grupo já ia longe, sob chuva intensa, em direção ao povoado em que moravam.

Observamos que suas orações não seriam suficientes para conter o desastre do ponto de vista físico. Procuramos novamente intuir o grupo, aproveitando a energia da oração que os tornava mais sensíveis e elevados naquele momento. Eles estavam orando tão fervorosos, acreditando que Deus os salvaria, que suas mentes não prestavam atenção às nossas mensagens de que restava pouco tempo para atravessar o pequeno rio que estava enchendo cada vez mais e logo arrastaria a ponte. Suas orações estavam sendo atendidas. Afinal, já estávamos ali intuindo-os.

No mundo espiritual, é necessária muita sabedoria para saber interpretar e compreender cada pedido de ajuda e até onde podemos interferir.

O relatório que recebíamos telepaticamente de Gabriel era de que aquele grupo não tinha nenhum interesse em entender os mecanismos espirituais que o próprio Deus que eles cultuavam havia criado. Seus egos renunciaram a todo e qualquer tipo de intuição, experiências com mundos angelicais, ou mesmo dos Arcanjos e Mestres. Tampouco aceitavam suas existências. Por isto estavam com a mente muito bloqueada e sem perspectiva de uma nova realidade que pudesse surgir em suas vidas. As sensações que sentiam não eram familiares de suas mentes e portanto eram excluídas através dos **filtros mentais**[1].

Para um Anjo ou qualquer ser que serve ao Reino da Luz, não importa o credo religioso. Nós temos consciência de que estamos unidos pelos laços do amor divino e que nosso dever é servir a todos aqueles que necessitam de nossas forças, para evoluir, para se proteger ou mesmo para aprender algo.

Resolvemos aproveitar a energia gerada pelas suas mentes durante a oração, para ir criando um halo de luz à sua volta. Alguns entes queridos de outras dimensões já estavam começando a se fazerem presentes, com a autorização para ajudar a recebê-los e encaminhá-los. A energia do Senhor Jesus, ao qual o grupo professava sua fé, também já estava fluindo como um grande tubo de luz que se formava na direção deles.

A infiltração d'água provinda de um braço do rio subterrâneo que atravessava a montanha tomava força e causava uma erosão cada vez maior, que em minutos levaria a um grande deslizamento de terra.

O grupo sentia-se espiritualmente confortável e todos estavam rezando fervorosamente. Havia um homem de 52 anos de idade, que passava a mão na sua grande barriga, num gesto de aflição e insegurança. Eram dez pessoas no total. Na verdade doze, pois havia duas mulheres grávidas.

1 - Filtros mentais são processos utilizados pela mente na tentativa de capturar e compreender a realidade. Os filtros mentais funcionam de acordo com as regras e experiências de cada indivíduo. Os filtros podem bloquear muito a realidade ou permitir chegar o mais próximo de uma verdade.

Reportei-me às duas almas que estavam para nascer em breve. Fica fácil conversar com almas que querem manter-se num corpo vivo. Os dois que seriam futuros meninos estavam vendo suas chances de habitar o planeta e cumprir seu caminho de evolução se esgotarem. E eles realmente, em breve teriam que voltar. Não haveria tempo para qualquer tipo de resgate especializado com máquinas e cães num prazo de dois dias daquele local.

Aproximadamente trinta toneladas de terra atenderam as leis da física. Soltas, sem sustentação, a força da gravidade puxou-as para seus braços e neste momento víamos todos os corpos sendo cobertos pela lama.

Nós, logo acima daquela grande quantidade de terra, aguardávamos para socorrer e encaminhar todas aquelas almas. Um privilégio deles. Afinal, nem todos os desligamentos físicos são acompanhados e assistidos. Muitas pessoas desencarnam e ficam perdidas por um tempo, iludidas pelas suas mentes, pensando que ainda estão habitando o planeta, pois enxergam seus corpos como eram antes, inclusive com as roupas que usavam.

E os primeiros brotaram da lama. Tratava-se das duas mulheres grávidas, que atônitas se viam acima de toda aquela terra e percebendo-se vivas preocupavam-se com suas gestações, tomando o cuidado para não entrar em pânico.

Dirigi-me até elas sem que me vissem e as encaminhei até o campo de luz vindo do Senhor Jesus. Encaminhei seu acompanhante que surgiu logo depois, o menino que seria seu filho e que já havia assumido a forma mental de um corpo de criança.

Natanael, Guizolís e eu cuidávamos de cada um que surgia e os ensinava a entrar no tubo de luz em direção a outra dimensão. Num acidente deste tipo, seguidamente as pessoas ficam presas as suas formas físicas tentando descobrirem onde estão os seus corpos terrenos. Confusas, saem a vagar pelas redondezas até achar o caminho físico de volta para os seus antigos lares. Lá passam a habitar suas residências como se nada tivesse acontecido.

Um dos nossos papéis era evitar este desperdício de tempo e energia. O grupo por merecimento havia recebido Anjos designados para auxiliar no processo de desligamento.

O senhor de 52 anos surgiu mais nervoso ainda, sem saber o que estava acontecendo. Percebeu que havia "morrido" e gritava desesperado, buscando cavoucar a terra para salvar a si mesmo. Em vão, pois não percebia que a terra não movia um grão sequer. Sem preparação anterior para seu desenlace físico, saiu correndo desesperadamente. Sem me apresentar, procurei atrair sua atenção para a energia que vinha do Senhor Jesus, o Mestre por eles invocado. No ato, aquele pesado homem tomou consciência, sentiu-se atraído pelo túnel de luz, seguindo em paz e seguro. Por inteligência e perfeição do Criador os seres destituídos de corpos físicos não conseguem movimentar objetos físicos de qualquer espécie, a sua revelia. Na verdade se fosse possível, o planeta Terra seria absolutamente caótico. Cada ser humano desligado de seu corpo poderia mexer nos seus restos mortais, causando pânico e desordem dos demais ainda encarnados.

Como todos sabem, dias após o rio baixar viriam profissionais para efetuar o resgate dos corpos físicos já mortos. Muitos chorariam, tantos acumulariam traumas e depois rezariam para as almas que partiram do mundo das aparências.

Nós, os Anjos, como sempre, respeitaremos sempre as consequências acumuladas pelo uso do livre arbítrio (também conhecido como carma ou pecado) e salvo algumas exceções, poderemos até interferir nas leis da física, para fazer com que alguma alma continue habitando um corpo no plano físico.

Alguns pensam que é crueldade do destino, ou foi Deus que quis assim. Seja o que pensarem, nossa grande tarefa, a meta maior, é colaborar para que cada ser desperte sua consciência para o Divino, que evolua tanto que um dia possa fundir-se com o Criador. Nós estamos ligados diretamente a Mente Cósmica do Criador, mas ainda não estamos fundidos plenamente com sua Grande Alma. Trabalhamos para que o maior número de pessoas, ou seres de qualquer planeta ou plano dimensional faça-se cumprir o princípio de fundir-se com o Criador. Um dia todos estarão. Você e eu. Enquanto isto não acontece, continuaremos buscando esta meta. Espero que você também um dia possa buscá-la em plena consciência.

Agora paro de narrar esta história, para dedicar-me a uma tarefa para qual fui invocado pelos guardiões para realizar. Já sei qual é. Mas não cabe falar sobre ela neste momento.

Fiquem em paz, encobertos pelo amor presente na Divina Luz.

Chame aos Anjos e aí Estaremos

por Normandian

Venho para continuar relatando histórias que podem trazer aprendizados a todos. Evidentemente, utilizarei nomes fictícios para os personagens desta história e de todas as outras. As identidades estão preservadas porque meu papel não é o de expor pessoas ou causar embaraços para outras. Minha missão neste instante é colaborar para que todos, paulatinamente possam aumentar suas consciências e entendimento da nossa existência.

Você quer ajuda e escolheu a nós os Anjos para colaborar? Converse conosco do fundo do seu coração, manifestando a força da sua alma e com amor estaremos contigo.

Os pedidos de oração muitas vezes são fracos, pois quem os faz nem sempre os realiza com vontade, dedicação e fé. Estas pessoas não têm compromisso com a verdadeira energia espiritual. Apenas repetem frases, sem saber o sentido ou sem prestar atenção. Você conversa com as pessoas sem dizer o que pensa, sem prestar atenção no que diz e quer que os outros te compreendam e até atendam seus apelos?

Visita em uma Empresa

por Normandian

Meu esforço pessoal de derrotar meus monstros interiores rendeu resultados. O Divino que procurava um dia alcançar sempre existiu dentro de mim. Tão presente quanto agora está. Nunca estive só.

Sou atraído para um local onde um homem e uma mulher fazem um ritual que leram num livro que acreditam servir para atrair Anjos. Para mim não importa o tipo de ritual, basta que seja um pedido sincero de ajuda.

Pela vibração que recebo e a qualidade dos pensamentos emitidos já sei que é um desejo bastante egoísta. Pode acontecer de eu ir até lá e eles já terem outras companhias de seres inferiores que se alimentam da energia mais densa. Daí complica, pois nas suas mentes trava-se um diálogo confuso entre os seus egos limitados dando palpites e manifestando desejos, somado a energia dos trabalhadores das trevas que foram atraídos para o local, e ainda assim, eles escutarão a voz angelical orientando. Por qual voz vão orientar-se e como vão agir, vai depender do preparo de cada um, também das suas capacidades intuitivas e a formação do caráter der cada um.

— Precisa acender quantas velas? – Beatriz pergunta para seu sócio e cônjuge Adalberto.

— Parece que eram dez amarelas e uma... duas brancas. – Responde já suando e nervoso.

— Que raio de ritual é este que você não sabe quantas velas são. – Já num tom de irritação Sr. Batistel questiona Adalberto.

— Tá! Vou acender mais este pacote de vela branca para garantir. Está bom assim? – Fala Adalberto em voz extremamente alta.

— Donde que saiu mais este pacote Adalberto? – Pergunta Beatriz com os braços cruzados e o pé direito apoiado pelo calcanhar batendo com a ponta do seu calçado no sapato de Adalberto.

— Não interessa agora. Os Anjos vão chegar e nós ainda nem fizemos o pedido. Disseram-me que é só acender as velas e eles vêm correndo, quer dizer voando. – Completa Adalberto numa mistura de confusão com a certeza do que está fazendo.

— Ritinhaaa!! Atende o telefooonee!!! – Grita Beatriz, impaciente.

— Dá pra ficar calada. Não tá vendo que eu quero me concentrar? – Grita Batistel.

— Vocês vão começar esta p... ou não vão! – Fala Adalberto com dentes cerrados, tentando falar baixo.

Passam alguns segundos e...

— Sabe de uma coisa?! Tô fora! Vamos fazer este negócio amanhã! Vou tomar um chopp para esfriar a cabeça.

Lá se vai Adalberto porta afora, deixando Beatriz e Batistel na sala. Sua opção foi por uma reunião com amigos de bar. Para quem ficou na sala restaram trocas de olhares. Simultaneamente suspiram e se atiram nas confortáveis poltronas amarelas que parecem as únicas a entendê-los e acolhê-los neste momento.

Bem, hoje neste grupo não teremos rituais de Anjos. Nem mesmo um pedido sequer de ajuda. Eles precisam aprender a trabalhar com suas mentes, controlar seus pensamentos. Talvez amanhã vençam seus egos e consigam realmente buscar soluções para suas dificuldades. Estaremos sempre prontos para ajudar quando são feitos pedidos sinceros.

Nova Tentativa de Pedido Espiritual na Empresa

por Normandian

É quarta-feira. Escolheram este dia, baseado num livro que ganharam de presente, onde está escrito que é um ótimo dia para comunicar-se e pedir ajuda para os Anjos. Têm outros tantos livros, tantos outros rituais. Se forem feitos com amor serão atendidos com nossas presenças. Nem sempre poderemos lhes ajudar a alcançar exatamente o que querem. Isto depende do carma (positivo ou negativo) de cada pedinte, a nobreza e nível do seu pedido, as consequências para sua vida e de outras pessoas.

A propósito, muitos acontecimentos já foram causados por mérito e esforço pessoal. Ninguém deve esperar somente pela interferência do Divino, sem dispêndio de esforço. Em muitos casos só demos um "empurrãozinho".

— Tá, desta vez vai, né?! – Diz Adalberto num tom de voz sarcástico.

— Ok! Vamos fazer tudo com calma, paz e tranquilidade. Nada de stress. – Apazigua Beatriz, querendo tornar as coisas mais fáceis e promissoras naquele momento.

— Huhumm... – Murmura Adalberto.

— A gente espera o Batistel? – Questiona Ritinha, num ar de apreensão. Foi ele que pediu para participar. Quer ajudar a empresa e também salvar o seu emprego.

Nestas alturas, o segredo desta reunião é assunto falado entre todos os outros vinte funcionários desta pequena fábrica de cerâmicas coloniais.

Ninguém responde à Ritinha e as velas começam a serem acesas.

Batistel entra silenciosamente.

Como Anjo escolhido para o ritual, estou só aguardando o momento derradeiro do pedido. Eles conseguiram uma boa energia nas suas auras, o ambiente está impregnado de boas vibrações. Por mais inexperientes que sejam, levaram a sério o encontro e isto importa muito para conseguir um estado de elevação espiritual. Não entrarei em detalhes sobre o tipo de ritual para não induzir os leitores a elegerem o método por eles utilizado como o melhor. Como já disse, o que vai me atrair são os sentimentos de amor e paz.

As velas, o incenso, a música e as mãos dadas são em primeiro lugar o que fez com que eles se harmonizassem e entrassem em contato com seus Eus, suas essências.

Se fosse na mata, no deserto ou nus embaixo de uma árvore, ainda assim ali estaríamos, com nosso amor e angelitude para cada um dos devotos.

Prestem atenção no pedido feito em voz alta por todos, em coro:

— Oh, Senhores Anjos, queremos suas ajudas para melhorar os negócios de nossa fábrica que não vão nada bem.

E agora se forma um paradoxo. Se der certo de irem bem nos negócios, foi Deus e os Anjos que causaram o sucesso. Se não der certo, fomos incompetentes e o ritual não funcionou.

Quanto menos o ser humano entende de espiritualidade mais superstições, paradigmas limitados e preconceitos surgem. O ser humano constrói raciocínios absurdos em cima daquilo que não domina e tão pouco reconhece.

Querem saber se deu certo o ritual para ajudar financeiramente a empresa? Você também já fez, faz ou fará rituais especiais para contato conosco? Está curioso para saber os resultados?

Vou contar-lhe alguns detalhes que passam desapercebidos para mentes muito ocupadas como as deles.

Na ocasião da realização do ritual para salvar a empresa de cerâmica, havia uma enorme dívida não reconhecida pela má administração que o casal realizava, consequência de um relacionamento conjugal não satisfatório. Havia um grande desperdício de material e intriga entre os funcionários. Beatriz pagava para que fosse realizada magia negra para segurar o fracassado casamento e a energia liberada servia para atrapalhar ainda mais os negócios que o casal mantinha em sociedade. Ele era vaidoso e seu ego não permitia que enxergasse que precisava aceitar a inúmeras e certeiras opiniões que recebia dos seus amigos e parceiros de negócios. Todos eram bem intencionados no que tange a fazer as coisas darem certo. Mas o casal se valia de meios confusos e ultrapassados para resolverem suas vidas pessoais e profissionais.

Tudo isto é assunto para Anjo resolver?

Mas a nós cabe ajudar, sim. Existem Anjos especialistas em diversas áreas. No caso fui orientado por Anjos especialistas em finanças e administração. Ajudar as pessoas a tomarem consciência e passarem a enxergar mais a realidade interna de cada um também é nosso papel. Podemos ajudar para que se criem as condições internas para cada um melhorar como pessoa, como ser espiritual, desenvolvendo habilidades que possam interferir no mundo em que vivem, organizando e colocando cada coisa no seu lugar.

Muitos pedidos nos chegam feitos pelo ego limitado do pedinte. Ou seja, querem uma solução, desde que não seja necessário corrigir a si mesmo, melhorar seu caráter e partir para ação para consertar o que precisa ser consertado. Querem um presente do Papai Noel. Tudo pronto, arrumado e sem nenhuma preocupação posterior.

Aproximamo-nos e impregnamos em suas mentes as mensagens de orientação que nós precisávamos passar. Mais bênçãos seriam passadas posteriormente. Aproveitamos para orientá-los a seguir uma nova forma de agir e pensar. Alertamos que em primeiro lugar incluíssem tempos em suas agendas diárias para melhorar suas energias mentais e espirituais que devido ao baixo padrão vibratório estavam atraindo cada vez mais problemas. Sugerimos que investissem em uma melhor formação de caráter.

Convidei-os para a continuação daquela reunião no espaço angelical que iríamos naquele momento manifestar e transportá-los até lá. Sabíamos que não estavam nos percebendo, mas bastava eles se manterem quietos e em estado de oração ou meditação para receber o que iríamos lhes dar. Estávamos dispostos a dar atenção completa para auxiliarmos nas soluções dos seus conflitos e problemas.

Adalberto olhou para o relógio e deu por terminada a sessão, levantando abruptamente. Beatriz e Ritinha também seguiram porta afora. Somente Batistel ficou. Bem, restou na reunião somente ele, pois os outros optaram por se ocupar das tarefas externas.

No caminho que todos escolheram seguir não eram aplicadas as orientações que eu passei e que me dispunha a continuar orientando. Nada mais foi feito, nenhuma nova conexão tentada. Os seus egos montaram novas armadilhas para provar para si mesmos que não havia nada para mudar, pois afinal, estavam certos de todas as suas ações. E o ego limitado pensa que mudar significa admitir que existiam ações e pensamentos errados, limitados. Então é preferível acobertar a nova e possível verdade, fazendo com que cada um continue vivendo em cena, suas atividades teatrais insípidas, mas que parecem ser carregadas de glamour. Um glamour vazio e que não leva a lugar nenhum, evidentemente.

Todos fazem suas escolhas. Por mais nobres que sejam, é necessária a disciplina de continuar repetindo-as até se tornarem hábito ou realidade. Quem consegue plantar uma semente num dia e no outro colher frutos saborosos? Anjos também aprendem. A natureza dá muitos exemplos e nos faz um alerta para nossas atitudes que contrastam e muito com o que precisa ser apreendido e registrado no caráter, nos hábitos, nas ações. Observe, preste atenção, cuide e escute a sua intuição e os seus pensamentos superiores.

Eu, Theston, enquanto recebo as mensagens de Normandian, sinto a força e o enlevo espiritual que seus contatos geram. Dá para observar que ele faz questão de transmitir experiências suas com nós seres humanos com o intuito de servir como reflexão e mudança de comportamento. Os nomes dos participantes foram trocados sem prejuízo para a história. Experimente mergulhar nos textos com os olhos da alma. Quando necessário, repita as leituras. Lembre-se, leia com a presença do seu **Eu Superior**[2] manifestado neste momento presente.

2 - Eu Superior é a porção mais elevada do ser humano conectada com as grandes verdades da sua alma. É a parte do seu eu que pensa e age de acordo com os aspectos divinos mais nobres e essenciais.

A Devoção que Alimenta a Alma

por Normandian

Dizer para alguém "Namastê!" é exercitar em nossa consciência uma grande realidade cósmica. Seu significado é perfeito para qualquer seguidor de qualquer caminho espiritual: "o Deus que habita em mim, saúda o Deus que habita você."

Noutro dia, Normandian volta a se comunicar. Mergulhe comigo em sua mensagem e energia transmitida:

— Recém havia saído de um estado meditativo, — diz Normandian — aperfeiçoando meus conhecimentos dos mundos superiores quando ouvi o chamado de Maria. Mais uma vez lá estava ela, em seu templo, guiada por sua própria intuição para estar ali.

Como sempre, de banho tomado, perfume exalando, pequeno véu de tom verde claro na cabeça. Num estado de concentração e entrega, orava em estado sublime de meditação.

À sua volta nenhum fiel. Apenas os bancos vazios a acompanhavam e lá na porta o seu incansável companheiro, um cachorrinho branco com algumas manchas pretas pelo corpo, que a aguardava, olhando atentamente para dentro do templo.

Nas ruas todos estavam muito encasacados. Mas ela insistia em sua saia marrom e blusa de seda no tom do lenço, acreditando ser a sua roupa da sorte. Os Anjos têm sentidos próprios para reconhecer as temperaturas em qualquer parte do planeta, portanto sei que ela está com frio. Mas não cabe a nós interferirmos com frequência na temperatura dos corpos alheios, tampouco nos ambientes físicos. Exceto para salvarmos vidas terrenas, em raras ocasiões.

— Anjo! Necessito da sua orientação. – Exclama Maria, em voz baixa e nervosa.

Faço-me ser visto por ela. Porém omito meu nome por compreender que todos os Anjos atendem por qualquer nome.

— Por que está tão longe? – Ela pergunta numa postura de vitimismo.

Permaneço no mesmo local, reforçando a minha energia telepática em direção à mente dela, para que assim perceba que estou em contato e ouvindo-a. Simultaneamente ela também procura melhorar sua sintonia comigo, acalmando e concentrando a sua mente.

Maria me viu pela primeira vez em seu templo religioso. Por mais que ali não enalteçam nossa existência ou trabalho, prestamos nossos serviços designados por um Deus único, que criou e sustenta todas as formas e seres de inúmeros reinos. Foi sua sensibilidade que permitiu me avistar desde a primeira vez. Eu estava ajudando uma criança naquele instante do seu primeiro contato visual.

Como ela não tem informações sobre nosso papel em seu planeta, entendeu que a única forma de entrar em contato comigo é no seu templo. Para não ser taxada de louca por ver Anjos , e, pior ainda, conversar com um deles, prefere reunir-se a sós comigo.

— Novamente recorro a sua gentileza – aborda Maria — pedindo para me esclarecer alguns pontos básicos que preciso entender para construir uma nova decisão que preciso tomar e que vai mexer com toda minha carreira como executiva da multinacional em que trabalho.

Como sabe, falo francês, inglês, alemão, mandarim e agora tenho uma proposta de viver e trabalhar por três anos num país chamado Brasil. Meus três filhos falam somente o alemão e estudam como segunda língua o inglês. Como posso estar daqui a trinta dias morando num país de língua portuguesa? Para agravar, meu marido está construindo uma ponte no Japão e somente fica liberado daqui a seis meses.

Preciso entender se é minha missão migrar para um país tão diferente e ao mesmo tempo tão especial. Faz parte da minha história de vida e de minha família?

E como poderei continuar entrando em contato contigo? Vou conseguir um templo com tanta quietude para me comunicar? O senhor também vai até lá?

* * *

Maria já estava experiente em contatos conosco. Após falar comigo, permaneceu receptiva às impressões e pensamentos que pudesse receber como orientação.

Com a sua postura mental de receptividade permitiu-se sentir a paz provinda dos mundos superiores e sua fé veio à tona, dando-lhe segurança de que tudo iria acontecer de acordo com o que seria melhor para todos.

Imediatamente busquei auxílio da nossa legião e levei o caso para nosso colegiado, para poder lhe dar a melhor contribuição.

Às vezes estas respostas demoram um pouco para serem devolvidas aos pedintes. Alguns até pensam que nem foram ouvidos ou que não terão resposta. A executiva saiu do templo sem uma resposta esclarecedora. Porém o assunto já está entregue e ela entende que nós também trabalharemos no caso, sempre obedecendo todas as leis divinas, é claro.

No mundo espiritual não há concorrência de qual ser de luz vai trabalhar mais e melhor. Se o pedinte é dessa religião ou daquela também não muda o tratamento que iremos despender ao caso. As separações existentes são características do eu inferior e da mente humana que baseada em conceitos errôneos, separa a verdade espiritual em facetas que parecem não combinar-se entre si.

Nada acontece por acaso, sob nenhuma circunstância. O fato de não se conhecer todas as partes e leis envolvidas não significa que houve uma causalidade. Tudo é regido por leis e tudo está interligado em algum nível e sob algum aspecto. Somente acredita-se no acaso quando se ignora o que realmente acontece naquela circunstância, naquele fenômeno visível ou invisível ao olho humano.

O porte da decisão que Maria necessita tomar mexe com a estrutura de vida terrena de sua mente, sua alma e também de sua família, interfere na energia de muitas pessoas e invariavelmente aciona as leis de causa e efeito. Portanto este caso terá estudo mais detalhado, com avaliação inclusive de Mestres Ascensos e a posterior orientação do melhor caminho por parte dos Arcanjos para a mente de Maria. Para que vocês entendam, não raro até os **Senhores do Carma**[3] precisam avaliar e decidir sobre muitos casos com os quais nós trabalhamos. Os Seres de Luz atuam sempre conectados, numa consciência de unidade e as equipes envolvidas para auxiliar na solução e realização de um pedido podem variar infinitamente de acordo com o grau de complexidade do caso tratado.

Evidentemente atendo sempre com alguma simultaneidade a muitos outros eventos, mas venho destacando para a sua consciência somente alguns. Enquanto Maria saia do templo, exatamente no mesmo instante no outro lado do globo terrestre, acontecia outro caso que irei relatar no próximo contato...

Normandian cessa sua transmissão da mensagem. Fiquei curioso para saber o que acontece com a executiva. Creio que posteriormente ele falará sobre o desfecho da história.

3 - Os Senhores do Carma são seres de grande luz que compõem uma espécie de tribunal cósmico, conhecido como Conselho Cármico. Eles possuem a outorga de Deus para decidirem sobre as melhores maneiras de ajudar as leis do carma a funcionarem de forma mais produtiva e eficiente possível, seja no universo, humanidade ou indivíduos.

Um Encontro pode mudar uma Vida

Eu, Nelson Theston, mais uma vez estou diante do computador. Hoje pela manhã ministrei uma palestra para uma grande empresa sobre como conciliar as competências espirituais e profissionais. Saí do auditório convencido de que poderia escrever sobre o que penso da evolução espiritual, com minhas experiências e conceitos pessoais. Quero incluir o material no livro em andamento.

Ok! Paro agora com este texto que nem começou. Alguém muito mais importante se apresentou. Acaba de chegar uma nova fonte de inspiração. Confesso que escrever orientado por Anjos tem superado as minhas expectativas mais nobres como habitante de um corpo humano.

Vou procurar narrar a experiência como está acontecendo, em tempo real. Em minha frente, para ser mais preciso um pouco à minha esquerda, encontra-se um Anjo de vestes lilases, cabelos longos escuros, me observando.

Farei contato telepático com ele. Afinal, sempre quando vou escrever e me sinto harmonizado, como estou agora, eles aparecem. São bons mentores e sempre dão uma força.

Se você tem algo para escrever, seja um trabalho acadêmico, uma tese ou uma poesia, experimente pedir para que os Anjos especializados na escrita lhe inspirem. Fique receptivo, confie e escreva o que vier na sua mente.

Envio meu amor e gratidão para esta sagrada presença. Se você ao ler este texto está sentindo as vibrações angélicas, sugiro que também envie o seu amor e a suas intenções mais elevadas até eles. Sempre fico muito feliz quando os sinto e vejo. Tenho um sentimento fraterno de profunda amizade e reverência por estes seres alados.

O ser alado das vestes lilases vai falar:

— Necessitamos que a história que vou contar seja divulgada em um meio de comunicação que possa alcançar um grande volume de pessoas, para que faça alguns grupos de almas refletirem e ativarem mecanismos evolutivos durante a leitura desta singela história. Existem os nossos motivos, que agora não vêm ao caso. Aceitas aproveitar o teu livro para transmitir nossa mensagem em forma de história?

— Sim. – Respondo espontaneamente. — Aceito escrevê-la. – Ao dizer que aceito escrever a mensagem do ser alado, percebo que me lembrei com apego na ideia de texto que iria escrever. Minha mente se encontra ligada aos temas que selecionei após a palestra. Então comento com o ser de luz: — No final de sua transmissão posso dar uma avaliada no texto para ver se é compatível com a proposta da obra? – Sou muito precavido. Acho que deveria ficar envergonhado de fazer este pedido para um ser com uma evolução expressivamente maior que a minha.

— Como você preferir. Mas saiba que nunca pediria para ajudar naquilo que não podes. – Responde, mantendo-se doce e suave.

Neste momento senti uma pequena dor no meu peito. Foi a minha consciência superior, o meu juízo que me alertou sobre a minha momentânea falta de confiança e a insistência em um texto só meu. Bem, valeu a experiência de descobrir mais uma questão para eu trabalhar em meu ser. Vou me reciclar. Agora é o momento da entrega e de aplicar minha habilidade de confiar no processo que está ocorrendo durante a sintonia com este ser alado.

Respirei profundamente algumas vezes. Busco a sintonia completa comigo mesmo e com Deus e a consciência dos Anjos. Sinto-me pronto novamente. Foco minha atenção no ser angélico e deixo fluir a canalização.

— A história – vai narrando o Anjo — acontece em algum lugar, com um jovem que começa a ser rotulado por seus familiares e amigos. Tudo começou quando um dia ele conta seu segredo numa mesa de jantar comemorativo ao seu aniversário de quinze anos:

— Não aguento mais! Eu preciso falar!!! – diz o jovem com a voz trêmula — Ouço vozes, recebo orientações sobre caminhos ou atitudes a tomar e também enxergo pessoas que os outros não enxergam. Concluo: Estou ficando louco. Preciso buscar ajuda para resolver logo este assunto. Alguém sabe como?

Toda a mesa explodiu em gargalhadas. Depois, todos quietos e assustados trocaram olhares.

A reação dos seus convidados foi tão desconcertante que ele retirou-se aos prantos da confraternização.

Seus pais lhe aconselham buscar um tratamento urgente. Acreditam que ele está estressado e precisa tomar medicamentos. Principalmente pela surpresa de saberem que é um fato que começou a ocorrer a partir dos seus quatro anos de idade.

Prefiro que agora o próprio rapaz conte a história:

— Chego ao consultório do profissional escolhido – diz o rapaz — e aguardo na sala de espera. Sinto uma vibração doentia, com muita energia represada no local. Deve ser mais um acesso de loucura que estou tendo.

E como é o mais recente quadro mental, aproveitarei para relatar ao meu novo conselheiro. Estou lá porque quero entender o que está acontecendo comigo.

— Boa tarde. – Diz um homem com olhar profundo e de aspecto bastante formal.

— Boa tarde. – respondo sorridente e confiante de que encontrei a pessoa certa para me ajudar a tirar estas coisas da cabeça.

Após apresentação fria, formal e distante que acabo de receber é a minha vez de relatar o que me leva até ali. No fundo estava com uma sensação de que apesar de toda a imagem que ele estava querendo me passar, tratava-se de uma boa pessoa, cheia de alegria. Mas queria me furtar tudo isto, tentando passar uma imagem nada original de seriedade.

— Doutor, acho que estou ficando louco. Tenho tido umas experiências muito estranhas. Por exemplo, a última aconteceu aqui no consultório. – Parei de falar por entender que esta abordagem seria o suficiente para dar início ao nosso diálogo.

Ele olhou para mim demoradamente. Achei que iria perguntar algo, mas manteve-se calado, como se estivesse escaneando todo o meu ser. Entendi que deveria prosseguir com a conversa.

Então continuei relatando para aquele senhor que me ouvia atentamente. — Quando eu cheguei em sua sala de espera, fiquei aguardando por uns quinze minutos. Dava-me a impressão de que aquele local estava pesado, esquisito. Até senti alguns arrepios. E olha que eu não estava com frio. Devo estar com gastrite, porque senti uma dor no estômago também. Também escuto vozes. Uma delas me disse para eu buscar um terapeuta que realizasse regressões de memória e que o profissional escolhido estivesse sintonizado com os valores espirituais elevados. Pois havia chegado a hora de trabalhar de forma consciente a minha. E mais, quando marquei o horário desta consulta, tive uma intuição de que eu não iria continuar o tratamento com o senhor.

Após relatar muitas das experiências de visões, vozes e sensações extracorpóreas que tive, chegou a minha vez de ouvir aquele homem misterioso.

— Olha meu amigo, eu sou advogado criminalista. Mas pela minha experiência com pessoas, acho que você pode escolher dois caminhos. Um é o de consultar um profissional de uma linha mais mecanicista, cartesiana. Certamente você passará por uma série de exames para investigar possíveis lesões no cérebro, além de entrevistas para verificar teu grau de lucidez ou alucinação, quando poderá ser dado um nome para a "doença" e o tipo de tratamento a realizar, com ou sem medicamentos.

O outro caminho é você buscar compreender os fenômenos que acontecem contigo num centro espírita conceituado, com um parapsicólogo sério ou mesmo com místicos experientes que você poderá selecionar em grupos, como por exemplo, os rosacruzes, os maçons ou até videntes e sensitivos sérios e competentes.

Se preferir, talvez seja o mais cauteloso lhe eu recomendar que procure os dois caminhos ao mesmo tempo e faça as suas descobertas. Você precisa conhecer a si mesmo, investigar o que se passa em todos os níveis. Desde o físico, passando pelo mental e emocional, até o espiritual.

Mas cuidado. Não deixe ninguém lhe tirar estes dons que Deus lhe deu. Você poderá ser muito útil para os outros que necessitarem de ajuda, aplicando os seus talentos psíquicos e espirituais.

Cuide do seu ego, para que não se sinta superior ou diferenciado por ter estas habilidades.

Busque desenvolver estes dons, e independentemente das respostas e descobertas que tiver, volte daqui a dois anos. Quero saber como vai a sua vida.

E como não existe o acaso, fique com o meu cartão. Não sei quem te trouxe até aqui, mas tive a intuição de que alguém entraria por esta porta confuso e que meus conhecimentos profissionais não lhes seriam úteis. Mas seria aqueles vindos do meu coração e da minha experiência como pessoa.

Você é normal e neste endereço encontrará pessoas que são muito parecidas com você. Que Deus continue sempre lhe abençoando.

Ah, e obrigado pelo retorno a respeito de minha sala de espera. Vou providenciar uma limpeza, inclusive energética. Fui relapso e deixei acumular de tudo um pouco. Quando você voltar a sala estará limpa.

Olhei o cartão de visita que ele havia me dado e atrás havia uma anotação de um espaço terapêutico com várias terapias integradas, tanto na área tradicional, quanto na holística. Inclusive com cursos variados de desenvolvimento pessoal, espiritual e energético.

Passados dois anos, retornei lá para agradecê-lo por tudo o que mudou em minha vida. Tanto pelas suas palavras, quanto pelas vibrações que se impregnaram no meu ser durante aquele nosso encontro.

A porta está trancada. Olho pelo vidro e vejo uma sala empoeirada e com aspecto de abandonada. Aperto a campainha e não escuto o seu som. Bato na porta e ninguém atende.

De repente, um vizinho de sala, que é o síndico do prédio, vem até mim e pergunta:

— Você procura pelo Dr. Barcellos?

— Sim, senhor. – Respondo.

— Ele faleceu a seis meses, de morte natural. Foram 98 anos bem vividos.

No mesmo instante enxergo a manifestação do espírito daquele homem que soube me ouvir e mudou a minha vida. Ele fazia um gesto de afirmação, dizendo que havia um envelope para mim com o vizinho.

— Senhor, ele deixou algo para mim? – pergunto ao síndico, enquanto fico embevecido com a energia celestial que sentia vindo daquela aparição.

— Qual o seu nome? – pergunta o síndico demonstrando solicitude.

— Quartzun, senhor.

— Nome estranho – comentou em voz baixa. Aqui não tem nada. — Respondeu após procurar num monte de envelopes e caixas subscritos com a mesma letra.

— Bem, nem poderia, ele não sabia o meu nome. – Mas o gentil cavalheiro procurava num outro monte de envelopes, quando resolveu comentar:

— Tenho um aqui que diz o seguinte: — "Para aquele que achava que seus dons eram uma farsa, mas após encontrar alguém como ele, soube encontrar a si mesmo".

Nisto, vejo a imagem de Dr. Barcellos me indicando para pegar o envelope.

— É este mesmo. – Falei com a voz embargada, procurando conter as lágrimas.

O síndico estende aquele volume em sua mão direita e num impulso pulei em sua direção. Quase arranquei o envelope de suas mãos. Pedi para sentar. Queria sentir toda a emoção e o significado daquele momento. Não existia mais aquele velho e bondoso homem para continuar conversando na sua sala. Mas agora possuía alguma lembrança física dentro do envelope e a sua aparição espiritual acompanhando aquele momento especial.

Ao abrir o envelope endereçado a mim, retirei de dentro outro envelope com os dizeres: CONTÉM UMA ALIANÇA. Tomei o pequeno invólucro entre as mãos e antes mesmo de abri-lo e entrar em contato com o seu conteúdo, me voltei em direção da projeção do espírito daquele grande homem, Dr. Barcellos, o reverenciei e o agradeci.

Tratava-se de uma aliança de prata com a gravação: Assim seja.

Havia um bilhete escrito pela sua própria letra, suponho. Ao me preparar para lê-lo senti a presença forte, a energia do Dr. Barcellos, como um pai que fraternalmente me amparava e me passava amor. Uma forte demonstração de que a mensagem que tenho em minhas mãos é dele e que diz o seguinte:

"— Posso ser contestado quanto as minhas percepções por muitas pessoas, inclusive familiares e clientes. Mas um dia decidi que nunca deveria travar ou cortar os meus acessos e contatos com os mundos superiores. Se minhas experiências de **clarividência**[4] e **clariaudiência**[5] e seus contatos me enriquecem e me ajudam a liberar meu potencial e das pessoas que me procuram, então não

4- *Clarividência* é a Habilidade mental e espiritual de enxergar no interior ou exterior de si ou de outras pessoas, as cores, formas e imagens que os olhos físicos não percebem.

5 - *Clariaudiência* é a habilidade mental e espiritual de escutar sons (vozes, ruídos, músicas) que se apresentam nos mundos extrafísicos, tanto no passado, presente ou futuro, dos quais os ouvidos físicos não tem capacidade de captar.

encontro motivos para bloquear as informações que recebo. Ao longo do tempo fui provando diariamente que os contatos com os mundos espirituais são importantes para a evolução de todos e do todo. O que necessito é estar cada vez mais resolvido emocionalmente, para poder subir ainda mais na frequência vibratória e ser mais fiel na transmissão das impressões que estou percebendo. Por este motivo, em breve voltarei para este mundo. Entrego para você, o que serviu tanto para mim.

Do seu amigo espiritual, Barcellos."

Mergulhado naquela aura de amor e espiritualidade, eu, agora um rapaz com dezessete anos, compreendia que encontrei um exemplo de vida a seguir. Que toda a evolução que sentia no Dr. Barcellos era algo que eu queria para mim. E aquela aliança de prata trazia uma mensagem invisível que tecia um elo entre eu e a busca incessante pela evolução espiritual.

Muito tempo se passou. Chegou o dia em que deveria me despedir do corpo físico. Então antes de meu desligamento deste mundo terreno, identifiquei aquela alma que quis se tornar luz, que quis alcançar a sua evolução total e plena e então no tempo certo passei a aliança adiante, pedindo que um dia ela faça o mesmo.

Eu, Nelson Theston, que trouxe este contato até aqui, percebo que Quartzun silencia a sua narrativa e agora Normandian, com as suas vestes lilases se apresenta. Apenas olha para mim, como que dizendo que a tarefa está cumprida. Ele e Quartzun se olham e em silêncio partem para os seus mundos, deixando em mim um sentimento profundo de gratidão e comoção.

Assim é a vida. Os Anjos, Mentores, Guias, Mestres, Orixás, Deuses, Santos, atendem por qualquer nome e aparecem na nossa vida de acordo com as necessidades e amparos necessários. E para tanto, podem aproveitar a boa vontade de seres humanos que se disponibilizam como os seus instrumentos. Pode ser durante uma conversa, enquanto o corpo físico dorme, durante um passeio, numa oração, durante uma meditação ou até quando do desenvolvimento de um texto. Estejam prontos e recep-

tivos. Criem condições, descubram suas próprias formas de contato com os Mestres da Luz que representam o Criador, nos auxiliando diariamente.

Como cooperador na construção deste livro, entendo que o ser angelical Normandian e o ser espiritual Quartzun, quiseram entrar em contato com um número significativo de almas. Creio que necessite publicar esta história em outros meios de comunicação além do livro, tais como jornais, revistas e sites para alcançar a sua proposta. Se os leitores desejarem publicá-la por algum meio, peço a gentileza de que indiquem a fonte (livro, editora e os autores espirituais do texto que são Normandian e Quartzun) e também me contem onde e quando as publicaram. Mantenha o texto do capítulo na íntegra. Desde o início até a última linha. Se necessário diminua o tamanho da letra e espaçamento entre linhas. Mas por favor, não me peça para diminuir o texto. Foi um Anjo que me disse. Há um propósito para tudo isto. As pessoas certas entenderão, onde estiverem. Nada é por acaso.

Um Passeio por Lugar Algum

O Arcanjo Gabriel se apresenta e fala:

— Vem comigo, vou te levar para passear.

Quero que confie e pegue agora na minha mão e feche seus olhos.

Agora você começa sentir uma leveza estranha e agradável. As luzes que você passa a ver são energias multidimensionais. Não precisa se fixar nelas. Nem aconselho, pois pode aumentar sua sensação de tontura e de leveza.

Você já passeou pelas mãos de um Anjo?

Quero que agora apenas deixe ser levado por um mundo que você até conhece, mas não tem consciência, pois das vezes que já esteve lá, teve as experiências apagadas da sua memória consciente.

Acho que vai ficar muito mais emocionante você descrever o que está acontecendo. Muitas de minhas sensações, interpretações e experiências não terão compreensão ou vocabulário para a sua mente atual e seu cérebro humano.

— Está bem. Será que eu consigo traduzir tudo o que sinto? Disse o Arcanjo.

— Tente começar. Você consegue. É o seu papel narrar a experiência. Assim ela pode ser reproduzida na mente das pessoas que lerem o texto. A viagem não é feita uma só vez. Ela pode ser repetida por muitas pessoas a partir de agora.

— Para os leitores entenderem desde o início, relato que peguei na mão do Anjo e a minha sensação foi de que algo de muito especial aconteceria. Não é sempre que se pega na mão de um ser angelical. Mas não sabia que seria algo como uma viagem espacial e espiritual.

Desculpem-me, acho que estou muito racional. Vou tentar narrar a experiência e não o meu pensamento.

Começo a sentir uma profunda sensação de leveza. Através da minha mão esquerda que é segurada por Gabriel, assim recebo uma energia impressionante de amor e de paz. Neste instante o Arcanjo me estende a outra mão. Estamos de mãos dadas. Nossa! Simultaneamente saem luzes de nossos peitos e passei a me sentir mais identificado e unido ao Anjo. É como se começássemos a sentir uma unidade. Seus poderes de Anjo elevam a minha consciência e vibração para níveis superiores. Com seu olhar e rosto com ares de profunda bondade, sinto-me mais próximo do Criador, unido aos Anjos e aos Mestres.

Minha mente parece se ampliar e começo a ter uma visão completa de 360º de todo o universo a partir do ponto em que me encontro. Não há mais tempo, não há mais sensação de espaço. Sinto que posso estar em qualquer lugar, pelo simples fato de pensar e desejar assim.

Passo a ouvir uma música melodiosa. A música dos Anjos, a música das atmosferas divinas. Quanto amor, quanta bondade, quanta energia, quanta vida.

Começo a enxergar lindos seres angélicos com vestes das mais variadas cores passando de um lado para o outro preenchendo as galáxias... São incontáveis. Este amoroso Anjo guia, com o qual estou de mãos dadas, vai preenchendo minhas carências e libertando os meus medos e limitações de forma misteriosa. Vou-me sentindo cada vez mais seguro de mim.

Suas mãos se soltam das minhas. Estou flutuando.

— Calma. Tenha convicção de que você pode flutuar. Apenas se entregue para sensação de flutuar e ela te sustenta. Confie. – Recomenda o Anjo.

— Quanta paz. Sinto-me conectado com a mente dos Anjos. Parece que tenho acesso a qualquer ser alado que passa. Se eu quiser posso chamá-los. Mas sinto que não devo fazer isto para não interferir nos seus afazeres. Arcanjo Gabriel, o que faremos agora?

— Vem comigo. Concentre-se no caminho de luz que vamos seguir e então viajaremos. – Ele responde com uma doçura e uma emanação de pureza divina.

— Senti que iria ficar eufórico. Dominei o pensamento e sentimento, pois senti que esta atitude poderia tirar-me desta faixa de vibração.

Estou apenas me permitindo sentir. Quero me entregar completamente. Sinto que sou purificado em todos os níveis do meu ser. Longos feixes de luz circulam ao meu redor desde o meu interior até perder de vista. Ei! São os meus chacras que estão em formas e cores excepcionais!

Estamos viajando por uma espécie de túnel de luz com uma visão de 360°. Agora na medida em que vamos viajando começo a escutar um zumbido que parece que vai aumentando. Pergunto-me se algo está saindo errado comigo ou se é normal ouvir este zumbido, que vai aumentando junto com a velocidade em que viajamos.

— Fique tranquilo! É normal! – Disse o Anjo lendo meus pensamentos. -Sua mente não está preparada e adaptada para viver nestes planos. Por isto lhe dá a sensação de que há velocidade, deslocamento e zumbidos estranhos. Sua razão tenta interpretar tudo o que acontece. Lembre-se, você acredita ser um terráqueo e não um ser espiritual completo. Vocês se deixam iludir pela ilusão de que a matéria existe como algo real e imutável.

— Algo novo começa a acontecer. Estou me sentindo cada vez mais leve. A velocidade vai diminuindo, o zumbido vai sumindo e a paz que parecia ser o máximo que pensava existir, agora aumentou mais ainda. Sinto-me diante de uma gigantesca abertura na galáxia, como se fosse um portal. É como se algo dentro de mim entendesse que estou diante da passagem para um outro mundo, um outro espaço, se é que posso chamar assim.

Agora estamos parados, um ao lado do outro. Incrível, do nosso lado estão mais Anjos com mais seres humanos, também parados aos pares, como se estivéssemos aguardando algo acontecer. Recebo a informação de que os seus corpos físicos dormem e os seus corpos superiores estão aqui. Sei que não é o momento para perguntas, pois não necessito controlar ou tentar entender. A paz e o amor sentidos são tão grandes que a confiança que em mim transborda não permite que minha mente fique fazendo perguntas do tipo: O que é este campo energético diante de mim? Seria um portal? Para onde vamos? Porque parou? Qual a explicação científica para tudo isto?

Em nossa frente, há uma gigantesca luz em tom suave amarelo-dourado, com uma nova música que dali vem. É impressionante o convívio simultâneo e harmônico do silêncio e da música. Onde estamos existe o silêncio absoluto, todas as mentes estão quietas. Da grande luz brota uma música que parece ser a própria luz. Uma música luminescente. Uma luz musical.

Para que todos entendam o que percebo, vou fazer uma comparação. Sinto que esta tentativa não atrapalha minha conexão com este local, nem interfere na energia deste todo, caso contrário, o Anjo teria me advertido. O tamanho desta luz, considerando a posição de tudo o que enxergo, é algo do tamanho da circunferência de uns onze planetas Terra.

Chega de narrar por alguns instantes. Quero só sentir. E você, caro leitor, enquanto vivencia este texto, cria em sua mente um campo próprio de energia espiritual elevada ao seu redor. Então sinta comigo. Você pode sentir. Você com seu Eu Superior, no âmago do seu ser, sabe do que estou falando.

O Mundo Angelical visto pelos olhos de um Ser Espiritual

A música aumenta e sinto um empuxo, como se fosse esticado e transportado pelo alto da cabeça.

Estamos entrando em fila, suavemente. Seres Alados fitam suavemente meus olhos e à minha direita vejo outros dois Seres Angelicais. São rostos femininos que já vi em algum lugar. Sinto a sensação do reencontro. Elas são muito familiares. De alguma maneira sei que elas já me ajudaram, estiveram comigo em algum momento da minha vida. Sinto a sensação de gratidão celestial.

Sou amparado pela minha mão esquerda. O Anjo que segura minha mão parece nem se importar com o que acontece comigo, agindo com discrição. Deixa-me à vontade, para minhas próprias descobertas e experiências.

Na medida em que vamos adentrando neste local, mergulhados na pura luz que se mantém por todas as partes, sinto que começa a aumentar o número de Anjos que vêm atrás de nós. Acho que todos pelos quais passamos estão vindo agora, nos acompanhando num cortejo angelical. Preciso olhar para trás para confirmar. É como pensei. Eles estão vindo juntos, as centenas. As duas moças angelicais, sendo uma com veste verde claro e a outra azul celeste, estão logo atrás de nós. Nossa! Quanta honra ser acompanhado por Seres tão divinos! Os chamados Seres de Luz, como sempre os chamei, são todos como eu realmente os via. Eles existem dentro e fora de mim. Sinto-me parte una de cada um destes seres. Agora na minha essência, sinto o despertar da força e a identidade marcante da energia angelical.

Já não sei o motivo pelo qual caminho por aqui e nem quero adivinhar aonde vou. O presente momento me dá todas as condições de que necessito para sentir-me mais próximo do meu amado Deus.

Vem-me na memória, as inúmeras vezes em que me senti incapaz. Quantas vezes me senti nada merecedor de realizar uma grande obra espiritual que beneficiasse pessoas. Deparei-me com tantas incertezas a respeito da minha conexão espiritual com Deus e agora aqui percebo que nada foi em vão. Meu esforço pessoal de derrotar meus monstros interiores rendeu resultados. O Divino que procurava um dia alcançar sempre existiu dentro de mim. Tão presente quanto agora está. Nunca estive só. No meu Eu Superior sempre se manteve as condições para viver em paz celestial, conectado diretamente na seiva do amor divino.

Sinto-me capaz, forte, realizado, pacificado, amparado e amorosamente fortalecido. Aqui e daqui onde estou desperto para a certeza de que sempre fui tudo isto que agora reconheço que sou. Conscientemente.

Aqui e daqui onde estou, compreendo que cada ser espiritual, habitante do Planeta Terra tem sua essência divinamente conectada com Deus de forma imutável e incessante.

Dizer para alguém "Namastê!" é exercitar em nossa consciência uma grande realidade cósmica. Seu significado é perfeito para qualquer seguidor de qualquer caminho espiritual: " o Deus que habita em mim, saúda o Deus que habita você."

Como diz o Mestre Sathya Sai Baba, "O homem é Deus menos o ego."E o Mestre Jesus disse: "Eu e o Pai somos um."

É assim nos mundos de Deus. É como posso sentir agora. Um só com o todo. E o todo um só comigo.

Sem direita, esquerda, maior, menor, mais importante, menos importante, mais bonito, mais feio, nada é ruim e nada é bom. Tudo simplesmente é Deus, a Mente Divina e Cósmica pulsando, vivendo, sendo. E todos são imortais e acontecem.

Brahman, Shiva, Deus cristão, Deus hindu, Deus ateu, Deus holístico, Deus espírita, Deus oriental, Deus ocidental. Todas as faces de um só ponto, uma só respiração, um só pulsar de coração, um só nascimento, uma só existência, um só amor.

Um só Deus para todos os mundos.

Para onde este cortejo me leva? Uma fila de duplas formadas por um ser humano como eu e um Anjo como eles. Hum!!! Estou separando... Tento olhar mais à frente e a pessoa da terceira dupla à minha frente é uma energia conhecida. Quem poderia ser?

Percebo que atrás tem mais alguém que conheço. Mas não vou olhar agora. Sei que é uma pessoa que demonstrou objetivamente muita inveja de mim e na época houve desconforto com a situação. Por algum motivo ela também está aqui. Com certeza não é por minha causa, pois sei que o mundo não gira em torno de mim. É estranho que o fato de querer emocionalmente recusá-la neste momento fez com que eu perdesse meu contato momentâneo com toda esta maravilha. O próprio campo de luz onde nos encontramos me favorece para libertá-la. Nem sabia que ainda guardava ressentimento. Senti que nos perdoávamos mutuamente. A purificação a respeito desta pessoa acontecia agora e eu sentia que estávamos livres. Eu a reconheci como um ser divino e neste instante minha consciência já é total novamente.

Continuamos andando, ou melhor, avançando enquanto flutuávamos.

Para onde este cortejo me levará? – perguntei-me.

A resposta que vem na minha mente é de que iremos passar por várias estações, onde cada qual trabalha as suas questões e trata uma área da vida. Nestes campos teremos aconselhamentos e poderemos fazer perguntas para resolvermos dúvidas ligadas a nossa existência, dentro daquela parte que é revista.

Uma grande emoção inunda meu ser. Este é o curso que ministro: "Encontro com os Anjos", ensinado pelo Arcanjo Gabriel numa de suas primeiras aparições. Naquela ocasião ele me explicou um método, passo a passo sobre como conduzir as pessoas para entrarem em contato com o mundo angélico. Em cada etapa da viagem pelo universo dos Anjos, existem as estações e os Seres Celestiais especializados em cada área que necessitamos aperfeiçoar. Os participantes sempre tiveram a nítida consciência dos conselhos e orientações recebidas, sentindo as energias com as quais foram tratadas durante o encontro, ou no decorrer das semanas.

Na época, Gabriel me disse que era de grande interesse deles que mais e mais pessoas os descobrissem e os procurassem, pois estes queriam ajudar. Mas que obedeciam ao livre arbítrio de cada um e por isto precisavam ser solicitados para se fazerem presentes. Orações, preces e invocações de qualquer origem e conteúdo eram suficientes para acionar as forças dos mundos espirituais, inclusive a deles. Além disso, criar uma consciência a respeito da existência deles ajudaria e muito a adiantar a evolução espiritual da humanidade.

Se acontecer de acordo com o que Gabriel já havia me explicado em outra época, será um grande aprendizado e a confirmação de que tudo está interligado e que nada é por acaso.

Uhauu!!! Quem é este?

— Chame do nome que quiser. – responde o Anjo que me acompanha. — No seu planeta ele tem vários nomes. Ele é o Senhor de Todos os Anjos. Cuida de todos nós e leva nossos pedidos e apelos para os mundos superiores ao nosso, no caso de temas que não estão sob nossa alçada e poder de realização para resolver. – ponderou o "Meu Anjo".

É assim que passarei a chamar este ser tão especial que me ampara nesta etapa da viagem: "Meu Anjo".

— Muito obrigado. – Respondi com olhar fixo neste novo ser que nem supunha poder contatá-lo com tanta proximidade e emoção, por mais que o tenha visto em meditações e em vários cursos espirituais que ministrei.

Metatron toma conta de todo o novo portal que está à nossa frente. Sua presença é tão forte e tão pura que toda minha alma, todo o meu ser se coloca em humilde postura de reverência. Por mais que eu o saúde por toda minha vida, parece não ser o suficiente para poder alcançar uma réstia do reconhecimento da sua grandeza.

Sua presença vale por mil discursos. Ele diz tudo sem precisar expressar nada. Tudo nele já está expresso.

Neste instante, cada um dos humanos que ali estão, instantaneamente recebem um cinto dourado, sandálias da cor de suas peles e uma veste de cores que variam para cada um.

Todos os Anjos aumentam seus campos luminosos e parecem terem ficado maiores.

— Daqui para frente vai só você. – explica o "Meu Anjo".
— Lá dentro tem um guardião te esperando. Ele vai te guiar por todas as estações. — Quanta emoção, Senhor. Desculpe-me chorar diante de ti. Mas é exatamente como Gabriel me explicou. O Senhor fica e eu passo o portal, depois sigo com o guardião por várias estações.

— Sim. Você sabe.

— E na volta, o Senhor estará aqui me esperando para me levar de volta à dimensão terrena. – Ao fazer esta afirmação, comentava em tom de comemoração. Quando se é professor espiritual de um método canalizado, como o Encontro Com os Anjos, é necessário dar a aula na postura atenta de instrutor para que todas as etapas sejam cumpridas. Pela primeira vez posso experienciar como aluno. É um presente divino.

— Provavelmente sim. – "Meu Anjo" responde sorrindo. – Caso não haja nenhuma nova orientação durante seu processo lá dentro, será assim como você disse.

— Vocês são criaturas sublimes. Porque não mantive antes contato consciente com vocês, na minha tenra idade, quando ouvi falar de suas existências? O universo, as galáxias estão repletas de seres espirituais maravilhosos. Cada vez mais percebo o grande amor de Deus, o Criador, por nós e pelo todo.

— Seja um Anjo. Você pode.

— Hein?! — Parecia querer ouvir de novo o que entendi claramente.

Fui seguindo o fluxo e calmamente o portal se aproximava de mim ou eu dele.

Estas sandálias e este cinto geraram dentro de mim uma sensação de igualdade entre todos os demais humanos presentes.

Curioso. Olho para algumas pessoas e as percebo como desligadas da energia do Planeta Terra. Elas são falecidas para nós, mas estão aqui, talvez tentando resolver algumas questões, ou, melhorar seus processos evolutivos.

— Alguns deles estão no último estágio para receber a outorga espiritual de Anjo – interferiu um jovem Anjo de cabelos escuros e longos — e outros são estudantes que buscam em breve transformarem-se definitivamente em Anjos. – completou o jovem ser angélico.

Esqueci que aqui, esta turma lê pensamento...

— Sou seu Anjo Guardião. Vou escoltá-lo por todas as estações. – continua este jovem moço, com uma aparência de alguém muito saudável aos seus vinte e três anos de idade.

— Grato pela gentileza. Estou à sua disposição. – respondo inclinando levemente o tronco e a cabeça como forma de reverência.

— Vamos aguardar o chamado aqui neste jardim.

Quando ele apontou para o lado passei a enxergar um belíssimo jardim. Completíssimo. Tem água, pássaros, árvores, flores, vegetação rasteira, ar puro, energia tranquila. Impressionante.

Sentamos numa espécie de banco flutuante. De frente para o paraíso.

— Desculpe-me perguntar – fui interpelando ao jovem Anjo – mas já que parecemos tão íntimos, pode me responder uma pergunta?

— Se estiver dentro do que estou autorizado a falar... – E antes mesmo que eu pudesse apresentar a pergunta, o Anjo Guardião antecipa a resposta, numa espécie de adivinhação do que diria.

Gentilmente e num tom de voz angelical continuou falando: — É que eu morei no seu planeta por vários ciclos. Na última vez que estive lá fisicamente atingi minha evolução maior para então ser um Anjo. No seu calendário oficial seria uns três mil anos antes do nascimento do Mestre Jesus.

Estava boquiaberto. A comunicação aqui é precisa e rápida. É totalmente diferente. Só pensei. Nem perguntei e ele me dá todas as informações. Uau! Quero um mundo assim para todos nós.

A expressão deste Anjo Guardião é jovial, enquanto consegue transmitir na sua energia uma sabedoria a qual acredito que só é alcançada após milhares de anos servindo a luz.

— É divertido não é? – continuou o Anjo Guardião demonstrando uma alegria pura. Divertia-se despretensiosamente e com um grande ar de respeito e consciência cósmica. – Estou sempre recebendo seres de vários planetas. Mas esta base é especialmente preparada para vocês ali da Terra.

Respondi a pergunta formulada em sua mente para lhe lembrar que você tem essa capacidade telepática também. Somos todos seres provindos do mesmo Criador. Então qualquer ser espiritual possui esta habilidade de comunicação mental. E você antes mesmo de vir a nascer como ser humano sempre foi e sempre será um ser espiritual.

— Quantos anos de aprendizado se concentram nesta viagem? – Pergunto-me procurando obter esta resposta dentro de mim.

— Ficará em suas mãos e em sua mente decidir. — Afirma o sábio e jovem guardião que continua com as suas considerações: — Você é livre para aproveitar ou não cada chance que lhe é dada. O fato de estarem visitando os nossos mundos e passando por estes portais não garantem as suas iluminações definitivas. Muitos já estiveram aqui. Alguns não se lembram por que interpretaram que não passou de um sonho, uma invenção das suas "cabeças". Outros poucos não souberam aproveitar a integralidade deste treinamento e com o passar do tempo se tornaram desconectados da energia celestial por vários motivos arquitetados por seus Eus inferiores. Num processo degradativo da conexão espiritual com os Seres de Luz, podem surgir pessoas ou seitas que visam exclusivamente o lado do poder distorcido do dinheiro e o culto a outras características do ego negativo, maquiadas como divinas e nada compatíveis com os campos celestiais. A maioria dos seres que estiveram aqui, transformaram as suas vidas naquilo que propuseram, como verdadeiros seres manifestando as suas essências divinas. A partir deste contato com os campos celestiais as pessoas renovam os seus poderes espirituais e mentais, redescobrindo a si mesmas como seres divinos. O grande teste é saber manter o que receberam com a manifestação diária do seu Eu superior em cada ação, cada pensamento e emoção.

— Como posso evitar o desperdício deste investimento dos Senhores na minha pessoa?

— Foi você quem pediu para estar aqui. – Na resposta do Anjo Guardião, percebi que estava inserida a informação de que é necessário buscarmos e pedirmos os seus apoios para a nossa ascensão espiritual.

— Entendi. – Respondo me sentindo grato pela permissão dada.

Cada vez que ministro o curso "Encontro Com os Anjos e Ascensão Angélica", mantenho o critério de nunca me projetar por inteiro para o mundo dos Anjos, para poder manter a mente em estado de vigília na condução dos alunos. Agora, aqui onde estou, a condução é feita pelos Anjos e tudo é muito bom.

— Vamos nos posicionar. Os portões abrirão em seguida. – Afirma o Anjo Guardião.

Fomos para a frente do portal. Ali havia os portões que separavam o nosso grupo da realidade existente no outro lado.

Novamente aquele silêncio musical e luminoso. Ou seria a música silenciosa e luminosa?

— Qual o seu nome, Senhor Anjo Guardião. – Pensei que poderia perguntar, sem ser intrometido.

— Como queira. Atendemos a todos os nomes. Trabalhamos numa grande e única equipe. Mas pode me chamar de Nataniel.

— Nataniel... Nataniel... É muito semelhante ao nome do Anjo Natanael.

— Nada é por acaso. – Responde Nataniel olhando concentradamente para o portal.

É hora de silenciar a mente...

— Que avancem os convidados!

A voz parecia ser do próprio portão. Impressionante. O portão parecia ter voz própria. Quem falou agora eu não sei. Mas nunca vi nenhum efeito sequer próximo deste fenômeno.

Estou cada vez mais leve e sentindo-me em profunda harmonia. Nada mais me preocupa ou desgasta. Estou relaxado, tranquilo e cheio de vitalidade, amor e paz.

Começo a me aproximar e começo a sentir toda a força que vem do grande portal, guarnecido por esta membrana divisória que chamo de portão.

Abrem-se as duas gigantescas abas do portão e a luz aumenta, transbordando para fora em nossa direção. Curiosamente, tamanha quantidade de luz não ofusca meus olhos. Naturalmente absorvo toda a força que ela contém, me envolvendo completamente com a atmosfera harmoniosa do local.

De mãos dadas com Nataniel, lado a lado, vamos invadindo este novo corpo de luz. Não enxergo nenhuma forma, somente luz.

Começo a avistar Anjos crianças. Interessante, pois achei que só existiam para enfeitar as estantes e quartos de nossas casas.

Uma nova porta aparece e então sou convidado a entrar. Agora entro e saúdo o Anjo de vestes lilás que abriu a porta. Ele fica parado ao lado da entrada e pede para que eu passe para a sala de espera. Há confortáveis sofás para sentar. Quando vou sentar, percebo que Nataniel não está comigo. Não entendi o que aconteceu. Estávamos de mãos dadas. Olho lá fora e o vejo fazendo um sinal com sua mão de que é para eu aguardar onde estou. Sento-me numa espécie de sofá que parece me abraçar. Estou realmente sentindo-me no mundo dos Anjos.

No fundo da sala há uma porta. Aguardo pacientemente. Sei que serei chamado.

Em instantes a porta se abre e o mesmo Anjo que abriu a porta para mim, agora está ali novamente me mostrando que devo entrar. São dois Anjos idênticos.

Agradeço e passo pela porta. Mudou a energia. Ela é igualmente maravilhosa, e o que muda é que agora estou numa sala de cristal! Meu peito fica transbordante de luz rosa. Estou caminhando naturalmente para o fundo da sala onde há uma cadeira e uma mesa. Os cristais são de uma pedra muito parecida com nossa ametista. São violetas. Sinto que algo especial muda em mim ao entrar em contato com a energia de tantos cristais violáceos.

Um Ser surge ao fundo, barbas longas, um olhar firme, bondoso e penetrante. Estende a mão apontando para que eu utilize o assento e diz:

— Bem vindo!

— M... m...muito obrigado! – respondo em êxtase diante desta divina presença.

— Você está aqui para receber o toque da divina presença em seu ser. Queremos que você desperte para a realidade de quem você realmente é. Você percorreu muitos caminhos até chegar aqui e agora é a sua vez de estabilizar sua energia, controlar o seu ego negativo e permitir tornar-se um ser divino em seu planeta. Exatamente como você foi criado para ser. Exatamente como escolheu. Você foi atendido.

— Então toda a minha busca, todas minhas tentativas, erros, acertos, tropeços e retomadas não foram em vão?

Este Mestre continua falando num tom tão suave e preciso, que parece mexer e ajustar cada parte que me compõe.

— Ao passar por toda a sala de cristal, você recebeu uma grande purificação de todos os chacras e corpos de luz. A pureza da luz emitida transmutou impurezas e agora você está mais ajustado com a sua essência. A partir de agora, as chances aumentam quanto ao fato de conseguir ampliar sua consciência. Mas a vigilância e disciplina deverão ser constantes. O fato de você estar aqui não lhe torna superior ou mais importante do que todos os seus irmãos terrenos. Esteja atento e cresça diariamente no amor e na bondade. Muitos ficam equivocados e caem nas garras do glamour espiritual. Você sabe do que falo, porque já aconteceu contigo e com muitos que nem sabem que passam por este fenômeno.

Vá e passe por todas as estações que quiser. Elas servem para resgatar e fortalecer a sua energia nas áreas onde você necessita de aperfeiçoamento e domínio.

Neste momento ele me estende um presente. O meu é uma bela rosa com fios metálicos dourados e prateados enfeitando a planta. Você que está lendo este texto pode também receber um presente. Feche seus olhos, integre-se a toda energia que lhe envolve e o aceite gentilmente.

Caso não esteja visualizando o presente, ainda assim estenda a mão e receba algo invisível. Os planos superiores são infalíveis. Aceite, mesmo que sua mente não tenha nada de palpável. Nem sempre o óbvio é visível.

Estou aprendendo que existem Anjos especialistas nos mais diferentes assuntos. Eles possuem experiência e treinamento para nos darem uma espécie de consultoria.

Neste momento faço a escolha de ir me instruir na área da prosperidade financeira. É um setor da minha vida que trouxe muitos danos e perdas.

Também existem as áreas da saúde (mental, emocional, espiritual e física), dos relacionamentos (inclui pai, mãe, familiares em geral, cônjuges, etc.), profissional, criatividade (arquitetura, escrita, obras de arte e tudo que necessita de expressão estética, de ideias, pensamentos), espiritualidade, missão pessoal no planeta e desenvolvimento emocional.

Estas são as que consigo perceber neste momento. Certamente há outras. O fato de eu citar estas, não significa que descrevi o todo. Entretanto, creio que estas atendem as demandas da vida terrena.

Sinto que é minha incumbência relatar esta viagem, para que cada pessoa que a queira, possa fazer, lendo o texto escrito. Agora vamos devagar na saída.

Ainda absorvendo e processando toda a energia que é transmitida, aos poucos vou saindo desta sala de cristal, dirigindo-me para a porta. O Anjo de vestes lilás abre a porta, nos saudamos com um leve inclinar de tronco e cabeça e já estou vendo o Anjo guardião Nataniel vindo me receber.

Em silêncio cerimonial nos dirigimos para a área da prosperidade.

Deparo-me com uma porta idêntica à outra. Outro Anjo abre a porta e nos recebe. Agora sigo direto para uma sala onde todos sentam no chão, em círculo. Avisto um lugar e imediatamente sento ao lado de outras pessoas.

O Mestre orientador do grupo pede para fecharmos os olhos. Neste momento uma grande quantidade de luz começa a surgir em espiral. São luzes de cor dourada, verde e azul. Todas elas se mesclam e penetram todo o meu ser através do topo de minha cabeça. Sinto-me com uma sensação de abundância e grande capacidade de realização. Permanecemos assim por um tempo, receptivos a toda esta força que vai carregando nosso âmago de segurança e harmonia.

Este é o momento do aconselhamento. Cada um faz suas perguntas simultaneamente e todas são respondidas ao mesmo tempo. Faço as minhas indagações. Algumas respostas e observações preenchem minha mente. Outras parecem chegar de uma forma que pareço não entender. Mas sinto que estão gravadas e no momento oportuno estarão disponíveis.

O Mestre informa que estamos liberados. Vamos todos até a porta e lá está o incansável Nataniel me saudando novamente com uma leve inclinação de corpo enquanto mostra as palmas de suas mãos. Então ele pergunta:

— Qual é a próxima área senhor?

— A dos relacionamentos. – Respondo com alegria e expectativa.

Silenciosamente flutuamos até o setor em que os Anjos especializados em relacionamentos nos aguardam.

A sala está lotada. Muitas pessoas silenciosamente aguardando. Há um hábito aqui de não olharmos uns nos olhos dos outros. Cada um está dentro do seu próprio processo. Para garantir esta harmonia e ordem não existe nenhum tipo de comunicação entre nós visitantes.

Anjos femininos e masculinos suavemente se aproximam e vão se posicionando em círculo de uma maneira que ficamos rodeados por eles. São indescritivelmente belos. De novo sinto que já conheço muitas destas criaturas divinas. Isto me causa uma sensação de gratidão espontânea.

Suas asas multicoloridas transformam-se em uma quantidade de luz ainda maior. Esta luz é irradiada em direção ao grupo. Com as palmas das mãos voltadas para nós irradiam uma luz de tonalidade rosa. Tudo é muito sofisticado e ao mesmo tempo tudo tem um ar de humildade e grande entrega espiritual.

Neste momento, de forma natural começa a surgir em nossas mentes os relacionamentos e suas várias formas de convivência, seja nos namoros ou casamentos, ou ainda nas relações familiares e inclusive profissionais. Num momento tão especial quanto este, todos os vínculos passados ou presentes são revisados, pois todos se mantêm ou terminam sem ser resolvidos em algum nível.

Somos orientados a permitir que esta especial energia recebida vá limpando todas as emoções contidas, estejam elas guardadas onde estiverem. Nada de julgamentos, só entrega completa para os Anjos especialistas em relacionamentos. A sensação causada pela energia que recebemos por si só já nos ensina. É uma energia que contém informações silenciosas e sábias. É como se fôssemos reprogramados para uma nova conduta de perdão, dedicação, tolerância e compreensão com as pessoas as quais nos relacionamos.

Agora, juntamente com os Anjos, emitimos esta energia amorosa e libertadora para todas as pessoas que surgem em nossas mentes.

Gostaria de ficar olhando para todos estes Anjos masculinos e femininos. Poderia ficar olhando para eles por tempo indefinido. Parece-me que ao contemplá-los me conecto com Deus, a beleza da criação, a sabedoria do amor e o poder transformador do ato de servir.

É eterno este momento. Está agora gravado no meu inconsciente. Sinto-me reprogramado e pronto para uma nova vida.

Como pode, diante de seres tão evoluídos e dedicados haver resistências? O **Anjo feminino**[6] e o Anjo masculino notaram a resistência inconsciente e deram um comando direto para mim. Escuto uma só voz vinda simultaneamente de ambos que diz:

— É necessário que você envie a energia que doamos para todas as pessoas pelas quais você não tem muito afeto. Este é um grande momento em sua vida. Aproveite.

Assim que escutei a voz uníssona, acionei a minha essência e libertei o que me prendia. A luz rósea aumenta instantaneamente. Todos os seres angelicais se retiram, pois as suas partes estão finalizadas neste campo dos relacionamentos.

Todos os visitantes saem renovados do local.

Somos orientados de que a partir daqui, para quem quer é possível ir para outras estações. Noto que os candidatos a Anjos passarão por todas as estações e inclusive algumas especiais não reveladas à minha consciência. Da minha parte estou pleno e satisfeito. Pego na mão de Nataniel e começamos a voltar para o grande portal onde Metatron apareceu. Ali nos despedimos com amor e respeito. Dou-me conta de que estou com a rosa que ganhei de presente na primeira estação. Onde estava a flor até a pouco? Tive a sensação de que ela reapareceu em minhas mãos.

Passo o grande campo de luz e encontro agora o Anjo Guardião que me trouxe até o portal das estações.

6 - Lamentavelmente não existe flexão de gênero para a palavra Anjo por ser um substantivo sobrecomum, ou seja, tem uma só forma para os dois gêneros. Gosto da ideia de tratar as figuras angélicas femininas como "Anjas", porém o idioma Português não permite.

Há uma gigantesca formação de Anjos por todos os lados, aguardando aos que vão saindo. Novamente olho e reconheço rostos que outrora vi. Não sei o nome nem de onde os conheço, mas sei que são muito familiares os dois Anjos femininos de cabelos dourados que vejo à minha direita.

O cortejo está formado. Vamos caminhando pela estrada de luz e uma legião de Anjos nos escoltam, nos apoiam. As presenças deles por si só são inebriantes e elevadoras. Dá vontade de ficar. Mas sei que este não é o meu mundo definitivo. Farei o possível para que venha a ser no momento certo.

Avisto o último portal que controla o mundo daqui e o mundo em que habito. Depois explico as atividades básicas que identifico neste portal.

Agora presto atenção na força de Gabriel que se aproxima com seu grupo celestial. Estendo a minha mão esquerda ao Anjo que se apresenta para me guiar até o meu corpo físico.

Passo o último portal e diante de uma plataforma, o Anjo e eu nos posicionamos no topo de um tubo de luz que liga o portal e a Terra. Vamos descendo suavemente por este "elevador". Encaixo-me no meu corpo físico. Despeço-me deste ser gentil. E numa oração fervorosa agradeço a Deus, a todas as classes de Anjos e aos Mestres por esta oportunidade. Que eles me ensinem a manter a chama de todos os ensinamentos recebidos.

Quero aproveitar e falar rapidamente sobre as três atividades básicas que pude perceber do portal de acesso ao mundo dos Anjos. Uma das funções é agir como um filtro onde os padrões vibratórios mais baixos e impuros emitidos no Planeta Terra não interfiram no padrão vibratório dos mundos superiores. A outra atividade é sustentar uma vazão contínua de energia divina para nosso planeta. E a próxima é agir como um sinalizador para que todos possam entrar e sair, atuando como se fosse um farol próximo do canal, que orienta os marinheiros e os seus navios.

Sugestão para o leitor:

Quando sentir vontade, releia todo o texto que você acaba de concluir. Se possível, experimente repetir a leitura num local tranquilo, sem hora marcada para terminar, ao som da natureza ou com uma suave música.

Lembre-se que é natural que todo contato espiritual com Anjos e outros Seres de Luz apresente variações expressivas quanto ao relato das experiências vividas. Nas suas experiências entre a primeira, segunda e outras leituras desta obra poderá haver variações de percepções. Experimente trocar ideias com outras pessoas que também estão lendo ou leram este livro. Talvez você encontre percepções que se repetem de leitor para leitor e outras que são peculiares daquela personalidade e suas conexões. Espero que esta dica possa colaborar com o aumento da sua aproximação das classes angélicas.

Você não tem a obrigação de ver, sentir e ouvir os Anjos. Também não é fundamental que você saiba os seus nomes ou conheça as suas faces. Seja sincero com o seu sentimento e devoção à luz divina, e estará recebendo todo o apoio e fluxo espiritual que necessitar. E isto é o que importa.

O Essencial

Brahman, Shiva, Deus cristão,
Deus hindu, Deus ateu, Deus holístico,
Deus espírita, Deus oriental, Deus ocidental.
Todas faces de um só ponto, uma só respiração, um só pulsar de coração, um só nascimento, uma só existência, um só amor.

Espero que sua incursão até este estágio do livro possa ter servido para que seus laços com os Anjos se estreitem. O universo e as suas galáxias são tão cheias de possibilidades, tão diversificadas quanto às manifestações da alma e suas formas.

Que realizador será quando pudermos conhecer uma porção dos mundos dos Mestres Ascensos. Como são os campos de luz onde permanecem as essências das grandes almas como a do Mestre Jesus, Mestre Saint Germain, Mestre Maria, Mestre Nada, Mestre Kuan Yin, Mestre Djwhal Khul, Mestre Buda e tantos outros? E onde está o Mestre Joshua Stone? Qual o mundo original de onde veio Bagawhan Sri Sathya Sai Baba?

Mas de que serviria somente ir conhecer? Para ter história para contar e aumentar o glamour espiritual? Para alimentar o Eu inferior e dizer que estivemos lá, com a simplória intenção de promoção pessoal? Oh Senhores da Luz! Que eu somente possa ir onde aumente minha habilidade para ser seu instrumento de luz. Que eu somente vá até os seus mundos se puder me tornar uma alma mais amorosa e apta para servir na construção da grande obra do Criador.

Agora me dirijo especificamente a você, alma que lê este livro, e te pergunto: — Você já pensou em tornar-se um Anjo?

Há muito tempo afirmo que cada um de nós pode vir a ser um Anjo. Nós podemos humildemente nos qualificarmos para nos tornarmos obreiros diretos da obra cósmica, servindo como Anjos. Precisamos romper com os paradigmas que possam tentar provar o contrário. Guardada as proporções dos Grandes Seres Angélicos, como Gabriel, Rafael, Miguel, Metatron e outros, nós temos direito a trilhar o processo evolutivo que o Grande Arquiteto preparou para todos nós. Nem precisamos esperar ter asas para começar esta caminhada evolutiva. Podemos nortear nossa vida espiritual para que um dia possamos seguir os caminhos de luz deixados pelos passos destes grandes seres que quiseram que este material fosse escrito.

São os mesmos seres que agora estão olhando para mim, onde quer que nos encontremos, os seres de luz continuam nos assistindo. Não importa quem você é e nem o que está acontecendo em sua vida. O que importa é que é possível sentir neste momento a energia vinda de Deus, que os Anjos ajudam a trazer e sustentar aqui neste mundo e em tantos outros.

Você não está sozinho. Nunca esteve. Apenas acorde e ande rumo a sua própria estrada luminosa.

Em momento algum permita que qualquer energia concorrente possa derrubar a sua fé, a sua esperança, a sua conexão espiritual ou mesmo a certeza do seu próprio potencial.

Você não depende de uma resposta precisa sobre os motivos pelo qual vive aqui neste mundo para usufruir das benesses dos Anjos.

Ensine todos os dias a sua mente a perceber a realidade de que você é essencialmente UM GRANDE SER ESPIRITUAL e só encontra-se na condição de ser humano por um tempo finito, frequentando uma grande escola cheia de oportunidades.

Mantenha o hábito diário de dizer para si mesmo as seguintes palavras: — Reconheço e assumo meu grande poder como ser espiritual. Reivindique diariamente a força espiritual que está pronta dentro de você. Basta acioná-la e depois ter a disciplina e o foco de mantê-la disponível todos os dias.

Você quer dinheiro? Fama? Poder?

Já parou para pensar que todos nós passamos parte de nossas vidas desejando ter e manter estas energias em nossas trajetórias?

Qual a verdadeira intenção por trás disso?

Talvez você descubra que o que mais você quer é segurança, amor, carinho, atenção, saúde, reconhecimento, paz, alegria e sossego.

Todos nós merecemos estes recursos que o plano físico disponibiliza. Mas equivocadamente muitos buscam somente fora o que está dentro de si mesmos.

Monte um plano para fixar em sua mente que você pode tornar-se o mestre da sua própria vida. São vinte e um dias ininterruptos para fixar um hábito na mente e seis meses para fazer parte da personalidade.

Se você for dono de si mesmo, sabendo manifestar o seu Eu superior, o dinheiro que precisar ganhará pelo seu próspero trabalho. O poder será exercido numa partilha de valores humanos bem direcionados para a vitória e crescimento de todos. Quando você conseguir efetivamente chegar aos mundos superiores da luz terá o reconhecimento pelo que fez de bom por aqui e o legado deixado. Daria para chamar de “fama”?

O ego reluta em perder o status, porque acredita no jogo ganha/perde. Ele sempre quer ganhar e nunca perder. Toda a mudança do Eu inferior para valores eternos do Eu superior é interpretado como perder algo, então a busca de valores humanos e espirituais essenciais para a felicidade ficam para depois, ou para nunca, porque o tempo é efêmero e não se consegue passar a vida toda segurando um punhado de areia sem que se percam os seus grãos.

Você, enquanto lê estas linhas, prestou atenção nas palavras que foram ditas até agora? Preste atenção dentro de si, o que acontece com o seu ser enquanto entra em contato com o campo mental e espiritual que o livro gera. Estes textos poderão ajudar muitos leitores (gostaria que todos) a fazer ajustes emocionais, mentais e espirituais em si mesmos. O QUE IMPORTA É A ENERGIA QUE ESTÁ SE MOVIMENTANDO DENTRO DE VOCÊ NO EXATO MOMENTO DA LEITURA E TODOS OS AJUSTES QUE VIRÃO. Conecte-se nas forças que fluem e fique receptivo ao poder que você naturalmente desenvolve.

Você está aberto a experimentar novos horizontes, testar novas ideias e novas possibilidades?

Sentindo as Asas de Anjos

Prometi para mim mesmo, que no próximo contato como mediador das mensagens espirituais dos Anjos, perguntaria sobre uma questão que percebi acontecer comigo e com outras pessoas. E a aparição de um ser angélico já está acontecendo neste momento. O interessante é que o Arcanjo que avisto agora parece saber da minha indagação. Ele está parado na minha frente, aguardando que eu comece o diálogo.

— Senhor Gabriel, — experimento iniciar a conversa — por muitas vezes, durante alguns períodos de grande elevação da minha energia mental e espiritual sinto que fico com enormes asas, formadas por muita luz. Pesquisei e descobri que outras pessoas também vivem este fenômeno. É possível que esta experiência continue se espalhando pela humanidade? Qual é a explicação para estas manifestações de campos de luz brotando nas costas?

— Sim. Muitos humanos viveram ou vivem esta experiência. Significa o quanto você consegue contatar com a energia característica dos Anjos. Portanto, você e outros humanos podem futuramente tornarem-se Anjos. Talvez muitas partes espirituais já o sejam. Tem acontecido em todo o planeta, num ritmo crescente, sensações e experiências do seguinte tipo: — Sinto-me em alguns momentos como um Anjo aqui na Terra, tamanha a energia angelical que flui para mim. – A energia dos Anjos é tão familiar que os sinto como grandes e especiais amigos. – A presença de tanta energia vinda da presença dos Anjos até faz que em alguns momentos eu me sinta um deles.

— Que maravilhoso saber que tantas almas estão evoluindo num crescente. – Comemoro com alegria. Sabendo que posso prosseguir no diálogo, aproveito a presença de Gabriel — O que precisa acontecer para que alguém que conquistou contatos estreitos com os Anjos perca a conexão?

— Muitos perdem este contato consciente por diversos motivos. Por exemplo, por passarem a se identificar com as energias densas do mundo material ou porque ao se sentirem envolvidos pelo glamour espiritual, buscam autoafirmação e promoção pessoal, baseados em suas experiências com os Anjos ou outros Seres de Luz das várias classes. Alguns habitantes do seu planeta se consideram até superiores aos demais “humanos comuns”. Muitas vezes estes “humanos comuns” são seus pais, amigos, irmãos e até professores. Esquecem que todo ser verdadeiramente evoluído, tem humildade e não fica se comparando o tempo todo para encontrar pontos positivos que os engrandeçam em detrimento dos demais. O que acontece é que o ego negativo impõe regras e preconceitos que impedem a livre manifestação da energia angelical. Desaparecem as asas daqueles que já as sentiram. E valendo para qualquer ser humano, extinguem-se os contatos para treinamentos espirituais nos campos angélicos com qualquer ser que não consiga manter a sua vibração elevada.

As Inferioridades Interferem na Evolução

Enquanto vou anotando o discurso de Gabriel, percebo que a energia se apresenta propícia para um diálogo. Então abordo outra questão:

— Noto que muitas pessoas não se dão conta que baixam as suas vibrações e continuam convictas nos seus estudos sobre os temas espirituais. Sem uma avaliação sincera dos resultados colhidos nas suas caminhadas.

O Arcanjo Gabriel responde:

— São pessoas que naquele momento estão vibrando somente no nível tridimensional dos livros, revistas, imagens e áudios, sem efetivamente alavancar padrões vibratórios elevados que auxiliem nas suas evoluções. Os Anjos aguardam pacientemente, sem apressar processos ou fazer julgamentos condenatórios a respeito de cada trajetória da alma, afinal, os próprios seres humanos costumam afirmar que se afastaram do que amavam por ignorância, arrogância, medo, insegurança, baixa autoestima e necessidade de autoafirmação dos nossos egos, além de tantos outros mecanismos de distanciamento da Fonte.

Intercedo junto ao Arcanjo:

— Por favor, comente alguns comportamentos que necessitamos observar e que impedem a nossa evolução e acesso aos mundos dos seres de luz. O movimento da Nova Era trouxe uma nova forma de pensar sobre a espiritualidade, mas alguns velhos hábitos persistem como nos séculos passados.

— Há alas do conhecimento humano, em que pessoas e grupos ainda se comparam e sentem inveja, ao tentar medir quem é a mais desenvolvida espiritualmente. Competem desnecessariamente entre si em várias áreas da vida, gerando sofrimento e dor nas relações consigo mesmo e com os seus irmãos.

Quebra-se a lei da humildade e aciona-se consequentemente a lei de causa e efeito que irá compensar este desequilíbrio.

É comum ver em seu planeta, pessoas espiritualizadas comemorarem os tropeços ou quedas de colegas que estão no mesmo caminho de busca da luz.

Muitos que se juntam para serem parceiros e crescerem juntos em direção a uma consciência elevada, elegem alguns desafetos espirituais para crucificá-los. Criam ambientes carregados de fofoca, intriga, perseguição, separação e animosidade. E continuam afirmando que todas as suas ações e pensamentos vibram "em nome de Deus".

Não obstante, mesmo diante da grande liberdade, diversidade religiosa, espiritualista e outros caminhos alternativos, outros acabam dedicando grande parte do seu tempo em discursos inflamados, contagiados pelo ego negativo, contra seus irmãos que escolheram outros caminhos espirituais em que o amor cósmico também habita.

Sabemos que esta prática do julgamento pelo eu inferior é milenar. Mas os eruditos da Nova Era precisam saber praticar o amor, a igualdade e o verdadeiro sentimento de paz e apoio aos demais que querem crescer. Todos são livres para buscar aquilo que melhor lhes apraz.

Só vamos conseguir um grande salto de consciência, quando a busca pelo desenvolvimento espiritual não estiver centrada apenas nos próprios interesses individuais de resolver um problema financeiro, conseguir alcançar a separação conjugal, curar alguém que sofre na família, ou mesmo fugir de problemas emocionais mal resolvidos que caminham diariamente com este buscador.

— E quanto a diversidade de caminhos espirituais do Planeta Terra? – Pergunto a Gabriel.

— É fundamental compreendermos que cada pessoa que escolheu um caminho para encontrar-se com seu Deus, seus guias, mentores, santos, Anjos, mestres, seja qual nome que ela dê, está sempre agindo com uma boa intenção, pois juntar-se a Deus é sempre uma boa intenção. Esta busca por algo maior, divino, se torna tão vital para muitos, que chegam a se perder no fanatismo. E separam as pessoas pelo quanto seu julgamento acha que elas valem, o que é lamentável. Trata-se ainda de um aprendizado para todas estas almas. Quantos agem com tanta certeza em algumas áreas da vida, a ponto de julgar, separar e até excluir pessoas e conceitos?

Somos todos muito diferentes uns dos outros, nas mais diversas facetas de expressão, mas ao mesmo tempo todos repetem comportamentos e pensamentos muito bem catalogados e conhecidos pelo inconsciente coletivo. O que muda é o grau de intensidade com o qual pensamos, acreditamos e nos comportamos.

De um ponto de vista da espiritualidade, esta diversidade é importante para a própria evolução. Mas exatamente dentro da mesma diversidade encontramos formas de ser e pensar que deixam pessoas escravas de suas próprias grades mentais por toda uma vida. Por consequência de suas escolhas, muitas almas partem deste mundo sem sequer terem conseguido evoluir espiritualmente nenhum degrau no sentido da espiritualidade.

Seus programas mentais não receberam novas versões. Suas formas de agir e pensar não tem sido aperfeiçoadas ou se tornaram pouco flexíveis ao aprendizado e a evolução. Somos livres até para evitar evoluir. Aquilo a que nos dedicamos sempre acontece como desejamos.

O universo não está constituído de forma tão tacanha e limitada a ponto de permitir que haja qualquer tipo de ação sem uma reação correspondente.

O que nos cega e ilude é o fato de que o tempo de retorno para qualquer tipo de caminho de ação e resultado varia muito. Às vezes pode levar anos para percebermos a ação inconsciente, mas em algum nível ela já começou a acontecer imediatamente após nosso primeiro passo.

Cuide sempre do que vai semear dentro e fora de si. A sua semeadura é livre e os frutos sempre virão de acordo com o seu plantio.

Neste momento o Arcanjo cessa a sua transmissão telepática. Agradeço à Ele, por ter proporcionado tanta sabedoria e energia. Um silêncio espiritual se instala.

Eu parei de digitar por alguns instantes para sentir a força que o encontro trouxe. É sempre um enlevo espiritual ouvir um ser angélico se pronunciar. Após ouvir o seu discurso divino e transcendental, a mensagem continua realizando ajustes em minha consciência.

Agora sou transportado para outra dimensão pelas forças de Gabriel. Existem milhares de Anjos neste campo de luz. A energia me absorve gerando uma sensação de unidade.

Há gigantescos portais à minha frente que dão acesso a mundos superiores ao nível em que me encontro agora. Nenhuma entidade específica me orienta, porém a inteligência viva que está na aura do local me diz que não estou autorizado a passar por estas aberturas. Elas dão acesso a outros níveis de consciência e de seres.

A sensação de gratidão de estar aqui é profunda. Todo o meu ser se identifica com esta realidade. O conhecimento parece estar impregnado na atmosfera do local. Parece-me que basta pensar para que as respostas já estejam dentro de mim.

A minha alma quer viver esta realidade em tempo integral, para sempre. Passo a desejar evoluir o tanto necessário para poder me fundir com esta verdade exposta e explícita na energia que toma conta deste todo. Agora sei que quero um dia poder passar a conviver permanentemente naqueles novos e inigualáveis mundos que os portais escondem. Se aqui neste campo superior de luz que me encontro já existe tamanha força, alegria, inteligência e amor, imaginem como serão os outros mundos ou dimensões acima deste.

A informação que preenche a minha mente agora é de que só se pode passar pelos portais que dão acesso a novos mundos quando se atingir o padrão vibratório exigido, conquistado pela ausência completa de ego limitado. Além disto, é necessário possuir grande parte do carma purificado, ter emoções estáveis e inabaláveis com amor profundo e restaurador. As autorizações não são emitidas com base em títulos ou cargos sociais, políticos, militares ou religiosos, bem como, não importa o poder aquisitivo ou a fama. O que importa é a evolução e a entrega da alma à verdade universal e a consequente fusão com ela.

É Possível ser um Candidato

Fui informado por um Anjo de que receberei uma mensagem importante. Em outras palavras significa que devo preparar as condições necessárias para este evento. Então organizo a minha agenda e reservo o tempo necessário para estar à disposição do mundo espiritual.

Enxergo uma legião de Anjos se aproximando e formando um "u" em minha frente. O centro do grupo angélico se abre, semelhante ao céu se abrindo, donde surge um grande corpo de luz. Aproxima-se um grande ser, com um campo de energia tão grande que é quase a soma de todos os Anjos presentes. Ele se apresenta. É Metatron, o Anjo Supremo. O saúdo e a minha mente é envolvida pela sua vibração, dando a entender que a sua revelação é endereçada a cada leitor desta obra. Passo a receber a mensagem:

— Se você está se identificando com as experiências que os Anjos vivenciam e gostaria de participar ativamente delas, ajudando e intercedendo por um mundo melhor, compreenda ainda mais sobre tudo o que pode vir a ser o seu caminho.

Os atributos angélicos são definidos e regidos pelas leis da Grande Consciência Cósmica Criadora. Sua benevolência e aspecto supremo de evolução conceberam características extremamente elaboradas e muito agradáveis de serem vividas pelas almas. Muitas delas escolhem viver em campos de luz que possuem as características peculiares dos Anjos, por se identificarem com este estado de ser angélico. Assim, trabalham constantemente no aperfeiçoamento e aplicação do amor, o perdão contínuo, a tolerância, a abnegação, o poder ultra desenvolvido de co-criador, as capacidades instantâneas de locomoção, o serviço a todos que necessitam de amparo e a prestação de auxílio e treinamento aos que querem desenvolver suas características evolutivas.

Muitas almas criam em si aptidões cósmicas altamente desenvolvidas, conseguindo o domínio de porções significativas de luzes e campos de pensamentos e energias afins. Por esta condição de alma evoluída alcançada naturalmente, passam a vibrar com as frequências mentais e espirituais características dos Anjos. No caso destes níveis evolutivos serem alcançados por almas que estão habitando o Planeta Terra, pode acontecer de estarem mantendo contato somente em níveis inconscientes. Porém ao passar do tempo, vão acontecendo algumas mudanças de consciência que favorecem a descoberta da sua sintonia com mundos superiores de consciência, como por exemplo, a nossa que é a do mundo dos Anjos.

As almas despertas envolvem-se tanto com os temas e práticas relacionadas ao nosso mundo angélico, que logo passam para uma próxima etapa que é a de desejar partilhar cada vez mais momentos com nós, os Anjos. A amizade aumenta. A conexão melhora. O ser se purifica mais rapidamente.

O próximo passo pode ser o impensado para muitos, que é o de tornar-se um candidato em potencial para o papel de Anjo. Um exemplo que se possa dar, que impede por muito tempo que surja o reconhecimento da possibilidade de ser candidato ao papel de Anjo, está em programas mentais limitadores, que são crenças como as que os seres humanos nunca serão tão puros ou ainda que somente Deus um dia poderia vir a permitir esta evolução.

Analisemos o primeiro programa limitador. Quem pensa que não é tão puro é a mente limitada, racional e em alguns casos agindo sob influência das trevas. Algumas mentes se tornam agressivas ao defender a posição de que é impossível alguém evoluir ao ponto de tornar-se Anjo. Nada é permanente. Então é possível a ascensão. Senão que Criador é este, que reserva somente para alguns o que há de tão bom e especial? O que se ganha em ignorar o acesso livre até a ascensão espiritual e mental plena? Onde essas mentes querem chegar? Ou onde elas querem permanecer? A natureza cósmica, divina, é a evolução. Passe o tempo que cada indivíduo desejar, um dia o processo evolutivo total estará instalado em cada alma, que assim quiser e buscar. O cosmos como um gigantesco campo inteligente, regido por leis equilibradas e conscientes, estimula todos os seres a perpetuarem a sua evolução. E não é nada diferente a quem entra em contato com esta mensagem. Basta que tome consciência, liberte-se de pensamentos e crenças limitadoras e alcance o status de alma conectada com a verdadeira energia cósmica divina.

Haverá muitos discursos internos do eu limitado querendo argumentar sobre a validade de continuar onde está. Aparecerão muitos pensamentos enraizados e que muitas vezes estavam adormecidos e que agora poderão passar pela alquimização e elevação. Surgirão muitas etapas a serem vencidas para se chegar aos níveis avançados que a alma anseia todos os dias. E a conquista é libertadora e desfragmentada. Então fica mais fácil de enxergar a unidade, passando-se a viver nela como algo natural, sem esforço demasiado e sacrificante. E para aqueles que sentem o chamado cósmico e se erguem para buscar a sua essência, muitos apoios espirituais chegarão. Os céus se tornam manifestos. Os Seres de Luz de várias classes sempre apoiarão esta trajetória, exatamente como fazem há milhões de anos. E muitos seres humanos agora sabem que é possível durante esta caminhada querer tornar-se um Anjo e ter direito de acesso a novos planos de evolução. Todos são livres para manifestar as suas vontades de se tornarem cooperadores para a manifestação e manutenção da luz em todas as dimensões do seu planeta e demais mundos. O caminho é livre para quem se tornar um Mensageiro da Luz.

Candidate-se e experimente.

Parei de narrar as experiências e mensagens por alguns instantes para reverenciar e agradecer a presença do Ser de Luz que se manifestou e a legião de Anjos que abriu o caminho e sustentou a energia. A tradução da palavra Anjo como "Mensageiro da Luz" aumenta a sua veracidade diante da mensagem anterior. Seres Alados trazem uma proposta divina de planos superiores de consciência. Quantos níveis, quantas classes espirituais estão envolvidas no processo de auxiliar e treinar uma alma para alcançar o patamar de Anjo? Qual seria o nível de consciência necessário para que alguém se sinta sensibilizado e identificado com a possibilidade de evoluir ao ponto de fundir-se com o mundo dos Anjos? Esta mensagem veio numa torrente ininterrupta e veloz, como se o Senhor Metatron quisesse marcar a convicção e a força com que seu papel de Mensageiro e Príncipe de Luz em várias dimensões, deveria ser cumprido. As mensagens e histórias deste livro não foram escritas para os distraídos e desavisados lerem e esquecerem. Esta obra pertence aos Anjos e está entregue para você leitor, nas tuas mãos e mente. Descubra as suas conexões com os textos e perceba quais ajustes e ativações são realizadas na sua aura, na sua mente e nos seus corpos energéticos, agora e no decorrer dos próximos dias.

A Resposta para Maria

Normandian havia comentado que continuaria a história da executiva Maria que num templo pedia orientação sobre a sua possível transferência para o Brasil. Não obtive mais nenhuma informação sobre o paradeiro dela e o desfecho daquela história.

Até me perguntei se não deveria retirar a história do livro. Por que não vem a resposta? O livro está praticamente pronto. E determinado a concluir a obra, me encontro a uma hora e vinte cinco minutos focado, aguardando a resposta para que eu possa passar esta informação para o público. Na verdade faz uns quatro meses que aguardo uma resposta. E até agora nada. Qual é a lição? Qual é o aprendizado? No início não me preocupei, pois sabia que a conclusão seria canalizada em algum momento. Porém o tempo começou a se esgotar. Quem leu o rascunho se perguntava:

— Onde está Maria? O que aconteceu com ela? – todos inquietos e curiosos.

Então procurei contato específico sobre o tema e até agora enquanto escrevo estas linhas não obtive nenhuma resposta. Pensei em escrever o que estava se passando como forma de colocar para fora o que estava sentindo. Analisei se estou fazendo algo de errado que impeça a conexão com o final da história. E o silêncio impera.

Procurei realizar outras atividades para me distrair e nenhuma resposta vem após o descanso.

Fui comer uma fruta. Alonguei-me. E agora o que faço? Desisto da história? Tento amanhã? Já se passaram duas horas e eu estou aqui sentado, decidido a resolver a questão. Procurarei elevar minha frequência vibratória, acalmar a mente, conectar o campo de consciência angélica...

Normandian aparece e começa a falar:

— Parecia ser uma resposta fácil para a época. Porém as circunstâncias faziam com que eu tomasse precauções de não instruir diretamente a partir daquele momento e com as informações que eu havia coletado.

Então me demorei um pouco com ela, estabilizando a sua energia e preparando a sua mente para a futura resposta que iria obter junto aos colegiados espirituais.

Maria possuía uma filha com necessidades especiais que escolhera aquele corpo até a sua libertação total de alguns carmas importantes. Depois poderia renascer diretamente como candidata a Anjo.

A outra questão é que a distância dela para com o marido aumentaria expressivamente. Não bastasse o fato de que os dois meninos mais velhos estavam desenvolvendo habilidades musicais e teatrais importantes.

A própria Maria possuía todos os seus familiares por perto e sua dedicação ao piano a fazia uma exímia intérprete de música clássica. Nos encontros familiares proporcionava momentos de elevação espiritual para todos os presentes.

Agora vem as questões existentes no Brasil. Maria, esposo e filhos, exceto o do meio, possuíam laços estreitos com muitas pessoas no possível novo país. O que não era diferente na Europa. Havia de se pesar qual o melhor lugar para viver e trabalhar questões cármicas? Qual o país daria mais condições de evolução para aquelas almas?

Enfim, o que aconteceria se fossem para o Brasil? E o que aconteceria se ficassem na Europa?

O estudo ficou pronto e sabíamos que ir para o Brasil era uma ótima escolha, onde todos se adaptariam com facilidade e teriam boas oportunidades de evolução em várias áreas.

O marido ainda não sabia, mas a sua vinda para morar no novo país seria liberada antes do prazo, por haver projetos novos na América do Sul onde ele poderia trabalhar.

Restava agora intuir a Maria sobre a resposta que havíamos estudado para ela e sua família.

Ela não estava frequentando o templo com regularidade. Sua família materna estava exigindo mais dela nas horas livres. Seu pai estava com quadro de enxaqueca crônica. Fiquei responsável de intuí-la a respeito da melhor alternativa. Convidei um grupo de Anjos para criarmos uma órbita de energia propicia para a transmissão da mensagem, aproveitando algum momento de suas meditações.

Porém algo mudou nela. Como estava com data marcada para dar a resposta à empresa, sentia-se pressionada e não entrava em níveis de entrega para a mente superior. Para obter a resposta ideal, procurava o tempo todo utilizar o seu raciocínio lógico, medindo estatísticas, pesando dados. Sua cabeça estava cheia de pensamentos, cheia de dúvidas.

Citando um dos dias que buscamos a inspirar, está aquele em que ela escolheu uma boa música, sentou confortavelmente e orou. Nós Anjos, aproveitamos e em grupo criamos um campo de energia propicio de amor e tranquilidade. Sua mente não se tornava receptiva. Mesmo relaxada e sentindo a aura angélica criada no ambiente, ainda assim mantinha o pensamento racional fixo na resposta que desejava.

A postura ideal para Maria receber a orientação deveria ser semelhante àquela no templo, quando soube nos contatar, manifestar sua necessidade e ainda pedir ajuda. Estava preocupada e insegura, tendo baixado seu nível de fé de que a resposta dos Anjos viria. Não se dava conta de que atrapalhava o processo de receber a resposta que nos solicitou.

Pensamos em aguardar uma de suas próximas noites de sono para convidá-la para se reunir conosco e assim receber nossa instrução. Enquanto o corpo físico dorme fica mais fácil de sensibilizar a consciência superior dos seres humanos. E tínhamos a autorização dela para dar-lhe uma resposta.

Selecionamos a noite com as melhores condições reunidas em Maria e ficamos observando o seu adormecer. Tão logo dormiu, seu ser espiritual saiu do corpo e nós a acolhemos e a levamos para um campo de sonhos e ali a orientamos. Sua alegria foi grande em receber a resposta.

Nosso próximo passo é monitorar como sua mente em **estado de vigília**[7] vai processar as informações e como o seu inconsciente vai filtrar as experiências.

Ao acordar, Maria tem a nítida impressão de que sonhou com Anjos e que no sonho veio um sinal, uma resposta. Ela para, procura concatenar, organizar as informações, fazendo um esforço para lembrar mais detalhes do "sonho".

E então vibra numa explosão de alegria e de alívio. Ela tinha uma resposta que fazia muito sentido. Sua intuição lhe dizia que havia um alinhamento entre a resposta recebida enquanto dormia e seu propósito de vida, de seus valores e da sua família.

Neste momento também surge um pequeno pesar, pois se dá conta que morar no Brasil significa deixar seus pais, irmão, tios, sobrinhos, colegas e amigos.

Sua consciência está formada. Ela compreende que será bom para ela, pois vai encontrar pessoas importantes com quem conviveu em outras vidas. Os seus novos vínculos são formados por novos colegas, um superior na hierarquia da empresa, pessoas

7- Estado de vigília é um estágio do cérebro em que é possível o raciocínio lógico, o processamento de idéias, a percepção alerta para o que acontece no ambiente e sua tomada de decisões com controle sobre a atividade psicomotora.

da cidade e quem sabe até algum vizinho. Já percebe que os seus resgates e aprendizados estavam se esgotando em seu país. Processa facilmente a informação de que seus filhos também terão as mesmas oportunidades junto com o seu marido. Pois eles também possuem muitos vínculos no Brasil. E evidentemente está contente porque também formará novas amizades.

Com tudo fluindo bem e todas as pendências resolvidas, Maria na primeira fase vem sozinha para o Brasil. Efetua visitas regulares aos filhos que ficaram com os avós até tudo estar encaminhado para a nova morada no estado de Minas Gerais.

Com tudo pronto e organizado, a família passa a viver em seu novo apartamento, inclusive com o Manchinha, o cão fiel que gostava de passear com Maria.

Logo ela encontrou espaço e oportunidade para exercer uma atividade filantrópica que desenvolvia no seu país de origem. Atuava como mantenedora de uma creche pública e fazia visitas regulares para acompanhar as crianças, ensinando seus dotes musicais.

O seu marido finaliza a trajetória terrestre num acidente aéreo após dois anos morando no Brasil. Partiu realizado, sentindo que neste período conseguiu criar bases para a sua energia espiritual. Dizia que a família e as demais pessoas que estavam ao seu redor lhe davam suporte e estímulo para se tornar uma grande alma.

Os filhos se casaram com brasileiras e a menina teve uma melhora significativa, acima do previsível pela ciência humana.

A vida espiritual de Maria ganhou um grande impulso, pois encontrou um grupo de estudos da espiritualidade avançada, que está lhe proporcionando novos encontros consigo mesma. Os seus vínculos com os Anjos continuam se estreitando. Neste ritmo, em breve poderá surgir a consciência e a vontade de se tornar um ser alado.

Um dos motivos pelo qual trazemos esta história é a necessidade de se refletir sobre a importância de se sintonizar com os Seres de Luz para alcançar uma consciência superior ao que o raciocínio lógico pode dar como resposta para alguma decisão de grande porte.

Ninguém nasce com a obrigação de ter que conectar os Anjos para obter orientações a respeito de passos grandiosos nas suas trajetórias pessoais. Porém, quem assim fizer, sempre terá a nossa resposta, passe o tempo que passar no calendário de quem solicitou.

Elaborar um plano de evolução incluindo os Anjos é inteligente e aperfeiçoado. Mas também é livre. E poucos assim têm feito. Porém, durante milhões de anos o nosso papel é o de agir como mensageiros e facilitadores da manifestação da luz do Divino, do Sagrado, na vida de cada alma.

Normandian está presente aqui, bem próximo de mim. E eu agradeço e agradeço, com o coração cheio de amor e alegria. A sua presença por si só já é um aprendizado. Gosto da forma como se comunica. É simples, objetiva, com histórias curtas e com margem para muitas reflexões e aprendizados. Ele me informa que agi de maneira muito semelhante a Maria, no afã de querer uma resposta rápida. No silêncio também há respostas. E quando houver a demora para surgir a orientação, faça uma autoavaliação procurando perceber quais ajustes são necessários no comportamento, nos pensamentos e desejos.

Percebo que Normandian ao adiar a conclusão da história de Maria quis deixar um ensinamento e um treinamento para mim. O livro estava prestes a entrar na fase de revisão e a resposta não chegava. Assim escolhi incluir este capítulo nesta fase do livro. A história de Maciela e Tobias que virá em seguida reservamos para a última parte.

E você, leitor, o que tem aprendido sobre os Anjos até aqui? Qual o seu grau de consciência a respeito Deles, comparado ao início da leitura desta obra? Quais são as sensações que você vem experimentando em comunhão com os Anjos? Aonde você quer chegar com a sua amizade e fraternidade com Eles? Você consegue percebê-los mais próximo de você? Você já pensou em além de receber as orientações e ajudas provindas deles, também ser um cooperador do trabalho angélico? Eles estão sempre ao seu lado, junto de você.

OS ANJOS

E A VIDA PRÁTICA DIÁRIA

Após Orar fique Receptivo

Hoje sinto uma forte inspiração provinda dos Anjos, para escrever sobre a importância da postura mental da receptividade para se absorver as energias emanadas por Deus, pelos próprios Anjos e os Seres de Luz de todas as classes.

Logo percebo a presença de Anjos especializados em espiritualidade. Desta vez eles não projetaram o pensamento em forma de canalização e sim em postura de inspiração. Aqui se apresentam as sutis diferenças entre a canalização e a inspiração. Resumindo e simplificando: quando canalizamos, a nossa mente se preenche da mensagem recebida como se não fosse o nosso cérebro gerando os pensamentos. A sensação normalmente é de fluidez, entrega e algum nível de passividade. Quando estamos inspirados, sentimos que nosso cérebro está raciocinando, elaborando, construindo. A sensação é de participação, interferência, atividade. Agora seguirei o fluxo do meu raciocínio, baseado na minha visão pessoal sobre o tema, apoiado pelas presenças angélicas.

Um dos grandes aprendizados que obtive sobre a postura da receptividade aconteceu durante os períodos que passei na Índia recebendo os darshans (bênçãos) e conhecimentos do Mestre Bagawhan Sri Sathya Sai Baba.

Viajando com grupos de brasileiros, a cada vez que íamos para o templo, nos pediam para que ficássemos em silêncio, aguardando o início da cerimônia do darshan realizada por Ele. O mesmo silêncio deveria continuar durante e depois de cada cerimônia.

Mas por que manter o silêncio interior? Para poder entrar em contato com o que realmente importa, sem se dedicar às inúmeras distrações que a mente realiza a cada minuto. É uma lição diária de aprender a viver no agora, extraindo o poder do momento presente, mantendo-se o corpo, a mente, as emoções e o espírito em estado de receptividade.

Aprendi quanto benefício existe em ficar mais alguns instantes no local que ocorreu a cerimônia espiritual, seja oração, meditação, culto, missa ou qualquer que tenha sido o ritual do qual participamos. Quando você realizar qualquer prática de elevação da vibração, experimente ficar em silêncio, e por consequência receptivo a toda energia divina manifestada naquele local. Não importa o tamanho do espaço físico, sua linha espiritual, a cor ou aspecto da decoração. Você é uma extensão cósmica desta área física, você é parte do sagrado contido neste templo.

Entregue-se. Usufrua do poder gerado pela disciplina de saber ficar receptivo a toda energia espiritual e divina que provém dos Seres Iluminados que habitam dimensões superiores as nossas e que diariamente estão dispostos a nos auxiliar em nosso crescimento e transformação. Quem frequenta um espaço que considera sagrado, o faz para comungar com as forças cósmicas, recebendo e se elevando com estas energias através da sua devoção e fé.

É comum pensarmos que depois de encerrada uma cerimônia espiritual ou religiosa, estejamos prontos para retornarmos imediatamente às nossas rotinas profanas. Parece ser normal sair conversando sobre futebol, a próxima refeição ou até a última compra efetuada.

Por que ficaria recebendo o que se mostrou estar terminado?

Enganamos a nós mesmos quando não damos importância a tudo que acontece após um contato com o sagrado. De um ponto de vista espiritual e energético, tudo continua acontecendo. As impressões que ficam pairando no ar e no espaço multidimensional são das melhores e extremamente ativas e benéficas.

É como se você tomasse meia taça de néctar e continuasse desejando e merecendo mais, entretanto não torna a servir do néctar que continua ali na garrafa quase cheia, à sua disposição. São os hábitos culturais que nos dizem "não há mais tempo para tomar do néctar"! Quem disse que não dá? Quem ensinou que quando termina um ritual tão importante para a sua espiritualidade e sua história de vida precisa-se sair correndo e conversando assuntos totalmente dissociados do que se ouviu e se viveu até então?

Experimente ficar receptivo e em silêncio antes do seu encontro sagrado, principalmente durante o evento e depois, seja qual for a sua orientação religiosa, filosófica, doutrinária, espiritual ou como prefira chamar as fontes onde você se abastece.

O silêncio não significa ficar sem acompanhar o ritual em voz alta. Cante, ore ou converse quando orientado pelo ritual. O silêncio durante um evento religioso ou espiritual significa abster-se de qualquer conversa que não faça parte do propósito daquele encontro. E o silêncio depois significa ficar totalmente calado por alguns instantes, num estado mental e físico de receptividade.

Beba da fonte, mantendo-se receptivo. Busque se conectar com as sensações, vibrações e emoções liberadas. Continue provando do néctar que continua ali naquele local à sua disposição.

Crie no seu trabalho momentos de paradas de cinco minutos. Basta optar por orar e sentir a vibração. Se esta opção não combina com seu estilo ou personalidade, não deixe de realizar algo em prol da sua evolução. Mantenha elevada a sua vibração, ocupando a mente com pensamentos nobres, gentis e amorosos, e é claro, fique em silêncio e receptivo a toda energia liberada. Faça encontros profundos e estreitos com o seu Deus, com os Seres de Luz da sua devoção para que um dia torne-se uno com Eles.

Sua saúde mental, emocional, espiritual e física agradece. Após adotar esta postura espiritual você ficou mais nutrido em todos os níveis do seu ser.

Sejam despertos, realizados e felizes.

Esta aura trazida pelos Anjos aguça a vontade de orar devotadamente. Sugiro que você pare agora e faça a melhor oração da sua vida. Eleve os seus pensamentos e as emoções da alma até Deus, Mestres, Anjos, Guias e Mentores da sua devoção, aplicando a mais elevada força espiritual que você já usou em toda a sua vida. E depois fique em silêncio e receptivo.

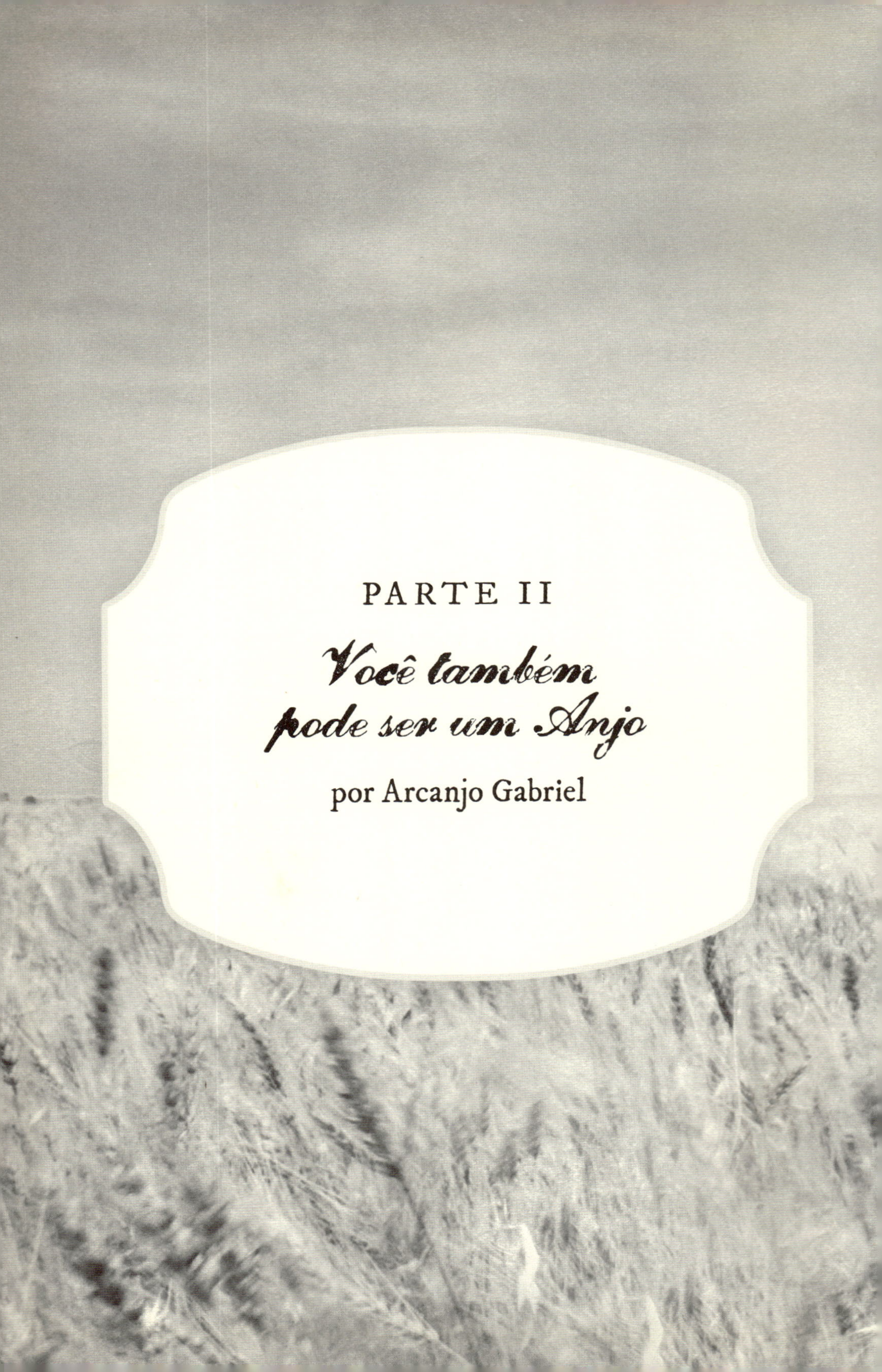

PARTE II

Você também pode ser um Anjo

por Arcanjo Gabriel

"Nós Anjos sempre queremos cooperar. Sempre estamos dispostos a contribuir, prestar serviços ao plano divino, evoluir incessantemente. Escolhemos esta missão. Especializei-me nos assuntos relacionados às orientações para o desenvolvimento da sabedoria e da luz espiritual. E agora efetivamente minha missão tomou seu sentido real.

É um grande prazer poder levar adiante uma missão como esta. Estou sempre buscando amparo na energia divina. Só assim também posso permanecer Anjo. No entanto, quanto mais for acontecendo minha evolução, tanto mais preparado estarei para servir vibrando no amor.

Se você quiser ser um Anjo, é possível. Primeiro você deve refletir sobre esta missão, depois deve desejar e após pedir aos Anjos e Mestres Ascensos para que seja estudada sua proposta. Caso aceita, você passará por um treinamento especial, seja no seu planeta ou quando estiver fora dele, habitando outra dimensão.

Que fique claro que seu pedido é sempre registrado e todos os esforços serão feitos para que seja atendido. Mas se ele for feito com o ego negativo, visando o glamour espiritual ou o simples "livrar-se de problemas e desafios" de nada adiantará a solicitação. É necessário que ele seja sincero, do fundo do coração. Deseje com a alma e aja com o coração.

Há casos de almas que fazem seus pedidos para serem Mestres. Mas esta é outra situação e não entrarei em detalhes porque minha missão nesta obra é falar sobre as relações dos seres humanos com os reinos angelicais.

Dificilmente alguém num baixo grau evolutivo manifestará o pedido para se tornar Anjo. Estes seres espirituais não encontram nenhum sentido ou valor neste tipo de pedido. Sob qualquer forma, se o fizer, ficará registrado e guardado com muito respeito, para futura verificação. Afinal, aquele ainda não seria o momento daquela alma dar continuidade ao processo de evolução para atingir os reinos angelicais. Alguns assuntos mais básicos precisam antes ser resolvidos em seu caráter. Algumas experiências espirituais ainda precisam ser aprendidas. Apoiaremos sua evolução em conjunto com os demais reinos da luz divina.

Atribuo todos os valores espirituais à herança divina. Nada pode existir sem que tenha sido concebido dentro da mente cósmica. E quanto mais próximo de Deus forem os nossos pensamentos, emoções e ações, tanto mais estaremos vibrando na qualidade de Anjos ou Mestres, filhos da obra divina e colaboradores da evolução das humanidades dos planetas e dimensões em geral. Também operários da luz na evolução das almas e povos que se encontram nos espaços entre vidas, habitantes de qualquer ponto do grande universo."

Uma história
contada por Gabriel,
ou melhor, com Gabriel

No início desta obra o Arcanjo Gabriel, através de Normandian, se manifestou como um dos grandes mentores do livro. Na ocasião ele me fez um pedido me relembrando algo:

— "Onde está a história daquelas crianças que já nasceram candidatas a se tornarem Anjos? Ela é verídica e precisa ser colocada nas páginas do livro. "Vão cair muitas fichas" para muitas pessoas ao lerem o que ali está escrito. Simplesmente a inclua nesta obra. E está feito."

O que você vai ler a seguir é uma história que tem um pouco de Anjos, mesclado com um pouco de gente normal. Quem sabe para alguns um tanto ou total fantasia. O que interessa é que há uma mensagem, uma história e isto é o mais importante. Abra seu coração, permita-se ser como uma criança que lê e se entrega à narração. Aposto que sua criança interior adora Anjos. Aposto que sua criança interior adora viajar dentro da sua própria imaginação, misturando tudo, onde se compõe o real dentro de você. Leia também com os olhos do seu Eu superior, com a visão da alma.

O que é a realidade, senão aquela que você experimenta dentro de si mesmo e que te modifica?

A partir daqui deste ponto, todo o texto é narrado por Gabriel:

— Havia uma cidade distante na Holanda, onde uma pessoa casou-se e gerou dois filhos. Essas crianças não sabiam— pelo menos naquela vida que experienciavam na Terra— que a partir dos seus 12 anos de idade, eles se separariam para sempre.

Um casal que se ama tem chances de gerar filhos de grandes capacidades intuitivas e emocionais. Porém, quando nascem duas lindas crianças, aumentam as responsabilidades de conduzir estas almas a um patamar superior de energia espiritual, mental e emocional. Uma educação aprimorada, baseada no amor e evolução espiritual são fundamentais. Afinal, seres que vêm trabalhar pelo crescimento das suas comunidades e da humanidade servem como instrumento de Deus para a luz habitar o planeta.

Pode ser que alguém como você que agora lê este livro também tem a missão de ser um instrumento divino para que a luz ancore definitivamente no seu planeta. Pense que você pode estar aqui para ser também um grande obreiro da luz. E na verdade não seria muito diferente do que as missões à que vieram Tobias e Maciela.

As características físicas das duas belas crianças impressionaram a todos, inclusive aos pais. O que não seria diferente. Todo pai, toda mãe, sempre acham seus filhos bonitos. Mas estes atraíam a atenção da vizinhança. Até que um dia, a visita de uma pessoa sensitiva fez com que ficassem mais claros os motivos pelos quais todas as pessoas olhavam diferente para tais crianças. Na verdade, nasceram com a missão de fundar um grande templo ecumênico, onde todos pudessem congregar sua fé e valores espirituais, sem preconceitos ou discriminação de qualquer tipo.

Com a morte dos pais, de febre amarela, os dois órfãos com cinco anos de idade tiveram que se mudar para a casa dos avós. Queriam sempre o pai e a mãe, mas não poderiam tê-los de volta. Ao menos fisicamente.

Ambos os irmãos, tinham uma marca característica no rosto. Do lado direito da bochecha, na altura entre a boca e o nariz, possuíam um pequeno sinal de aproximadamente um centímetro quadrado. O que chamava a atenção neste sinal é que parecia o toque do dedo indicador de alguém, onde as raias de cada manchinha simulavam uma digital.

Estes irmãos foram criados pelos avós, com muita dedicação e carinho, pois permitiam que tudo corresse bem. Com uma educação rígida quanto ao colégio e amorosa quanto à construção dos seus princípios, tudo transcorria normal com eles.

Aos 10 anos de idade, vem a notícia de que seu avô, tenente do Exército, estava com tuberculose. Uma doença fulminante para a época.

Enfim, o destino e o carma se cruzaram, o que resultou na advertência espiritual número 1 para as duas belas crianças que já estão com 11 anos. Juntas, enxergam um grande Anjo que parecia passear no gramado de sua casa. Então, ele para, olha para os dois e diz:

— Qualquer coisa que aconteça para vocês, saibam que podem contar comigo. Há um plano para vocês dois, que vocês escolheram. Mas por enquanto é só o que posso dizer. Basta a partir de agora, manter viva dentro de vocês a grande vontade de se reconectar com Deus, o Criador.

A vontade que Tobias e Maciela tiveram era de sair correndo, assustados. Mas algo parece ter travado suas pernas e uma onda de calma e paz inundou seus seres.

Estava dada a partida. Estava acionada mais uma vez a roda do carma. Mais uma vez o poder dos céus desceria sobre a Terra para cumprirem-se seus desígnios. O incomum aconteceria na vida e mente de cada um, mas de um ponto de vista universal, nada mais do que o previsto se manifestando, em benefício de almas que querem crescer e evoluir.

Suas escolhas antes de virem para o planeta Terra foram as melhores, mas os seus carmas ainda os impediam de ter toda a força e capacidade necessária para cumprirem suas missões. Inclusive seus egos negativos, ficaram muito enaltecidos nas últimas três vidas, piorando suas condições como almas que querem atingir a grande e verdadeira luz de forma definitiva.

Como ser angélico, criei condições para estas almas estarem presentes diante de Deus, mas para isto precisaria contar com a presença delas em todos os testes e treinamentos, com corpo, mente e alma.

Há muito tempo eu aguardava a oportunidade de trabalhar de forma tão específica para almas, como desta vez. Apesar de o Planeta Terra ter vivido sempre em períodos conturbados, era aqui mesmo que queria desempenhar minha função como Anjo. Estudei e me preparei orientado nas escolas de preparação para Anjos. Demonstrei ser e estar apto para esta grande função.

Hoje vibro com vocês ao poder contar esta história de sucesso que aconteceu para dois integrantes de um grupo de almas tão importante e dedicado.

O que aconteceu com Tobias e Maciela em toda sua trajetória aqui neste planeta, poderá servir de exemplo, alerta e ânimo para que cada um relembre sua essência, os verdadeiros motivos pelos quais estão aqui. E mais, que cada um possa aumentar o seu compromisso pela busca da luz, causando um desenlace definitivo com os hábitos de baixo padrão vibracional.

Somente recriando um mundo de amor, de domínio sobre o ego, de controle e evolução emocional, é que você poderá dizer que é forte e completo para ascender ao Pai, a Mãe, e aos grandes criadores da energia que te alimenta.

Antes de prosseguir com esta leitura, faça uma reavaliação de si mesmo quanto ao seu estágio de evolução, mas nunca com as lentes do ego inflado, que só quer ver o que agrada e ilude. Faça uma leitura tão verdadeira quanto a que consegue fazer da junção de letras que formam estas palavras, e que consequentemente compõem esta frase. Reavalie-se com os mecanismos do seu eu superior.

Tenha coragem de mudar, de restabelecer sua verdadeira identidade com a força e o poder divino. Quando foi a última vez que você teve coragem de admitir que não está utilizando todo o seu potencial espiritual e que o caminho que segue precisa ter mais energia espiritual? E o que você fez para melhorar verdadeiramente esta questão?

Você verá que independente de qual seja a sua profissão, ela não lhe impede de descobrir quem você é como alma, e que todos os dias são cheios de oportunidades para criar aqui na Terra o seu oásis. E aqui mesmo, ainda nesta vida é possível catapultar seus sentimentos mais nobres em direção ao alto, fazendo com que por onde suas forças passarem abra-se o caminho que lhe levará até o seu verdadeiro Eu. Será assim até acontecer a união com a luz divina que emana do seu criador, do meu Criador. Daquele que nos sustenta.

Das Existências já Vividas por Tobias e Maciela

Um só Deus
para todos os mundos.

Numa reunião do Conselho Angélico fui destacado para comandar o projeto deste livro, como uma das inúmeras formas de manifestação da vontade dos Anjos no Planeta Terra.

E a história de Maciela e Tobias foi selecionada por conter alguns elementos que podem ajudar a despertar mais consciências sobre suas verdadeiras naturezas.

Acredite se quiser, mas quando duas almas decidem juntas passar por grandes testes para assim desafiar seu ego negativo e poder obter a glória do Senhor, muitas coisas acontecem.

De nada adianta querer apenas ser rico, multimilionário, ter fama, poder, se não conseguir sequer dominar o seu próprio Eu diante de uma dificuldade comum para qualquer alma.

São muitos os que querem paz, desejam entrar nos céus, mas não tem a mínima dedicação diária de orar, praticando suas habilidades espirituais e mentais para se conectar com Deus, o seu Criador.

Eu mesmo, Normandian, quando habitei a Terra, fiquei envergonhado com o número de fenômenos que fazem com que nos distraiamos. Quando menos percebemos, estamos lá, acobertados de pensamentos desnecessários, que produzem parcos resultados para a efetiva ascensão espiritual.

Maciela e Tobias são duas almas que há muitos ciclos de vidas vêm buscando alcançar a luz suprema. Mas devido a muitas negligências ou distrações, deixaram para trás seu maior tesouro. Abandonaram a si mesmos, na busca de realidades materiais, que se tornaram insustentáveis.

Para o caro leitor entender o que precisa ser dito, é necessário que antes revisemos a história destas duas antigas almas, vivendo em tempos longínquos.

Maciela, fora uma espécie de juíza muito cruel na Rússia, que no ano de 1789 liderou inúmeras sentenças contra o que seria uma espécie de crime organizado da época. Porém, é claro, como profissional corrupto, facilitou a venda de sentenças por punhados de moedas, criando uma série de favores e poucos sortilégios aos seus protegidos réus que iam a julgamento.

Depois da morte do seu corpo físico, foi submetida a um longo período de reforma íntima fora do planeta Terra. No plano espiritual, longe das influências do inconsciente coletivo terrestre, frequentou escolas que lhe habilitaram a entender melhor o senso de justiça de que precisaria possuir a partir de agora. Durante os seus aperfeiçoamentos, reconquistou seu grau de evolução verdadeiro já existente antes da encarnação como juíza, avançando expressivamente o seu nível de consciência cósmica.

Quando se sentiu pronta, solicitou autorização e prometeu que ao reencarnar iria novamente buscar a carreira na área da justiça, para se redimir dos erros cometidos e treinar completamente a sua personalidade nos quesitos honestidade, justiça cósmica e igualdade.

Por mais que os seus conselheiros não estivessem dispostos a autorizá-la a descer novamente até a Terra, seu planeta escolhido, ela suplicou uma chance. Diante de um juramento de fidelidade à verdade e à retidão, decidiu recomeçar um longo caminho de busca de mudanças do seu caráter e ego, na grande escola planeta Terra.

Escolhidos seus pais, nasceu novamente, num vilarejo, longe dos recursos das grandes cidades e principalmente de uma boa universidade. Seu objetivo era subjugar toda a falta de estrutura e orientação familiar e ainda assim conseguir conquistar seu espaço, por força do seu próprio talento.

Curiosamente, muitas almas, após algum tempo aqui na Terra, esquecem facilmente suas missões. Dificilmente lembram ou se preocupam com o tema. Seguem como um barco com boas velas, mas sem leme e bússola.

A merecida vida aqui neste planeta, almejada por tantas almas, decididamente tinha sido concedida para Maciela. Ela estava radiante como uma criança. Levava o nome de Taciana, nascida no Brasil, no ano de 1889, num belo mês de dezembro.

Suas condições financeiras eram das piores, pois o pai era um mestre de obras viciado em álcool e a mãe era uma dona de casa sem perspectivas de vida.

Um dia quando a nossa Maciela estava completando seus 10 anos de idade, foi realizado um concurso na sua escola com a finalidade de criar novos talentos artísticos. Lá estava a então Taciana, a nossa Maciela, conquistando o primeiro lugar com uma poesia feita por ela.

"Com os meus olhos
Aprecio os lírios.
Ali, esculpido nas pétalas brancas
Transporto-me ao rosto de Deus
E então escuto o seu próprio nome numa flor
Lírios da Paz."

Para sua pouca idade, escrever uma poesia de um contexto diferente das apresentadas pelas outras crianças gerou um sentimento de que Taciana era alguém especial.

Logo recebeu uma espécie de padrinho. O Sr. Veslóquio Trinidad ofereceu-se para pagar os estudos para ela até a universidade. Perguntou o que ela queria ser e imediatamente recebeu a resposta: advogada.

Aqui vemos como preservamos nossos programas feitos antes das reencarnações. Mas nem sempre cumprimos todas as etapas combinadas com os Mestres Espirituais.

A menina Taciana formou-se advogada e já tinha um emprego garantido no escritório do Sr. Veslóquio Trinidad. Ela sentia-se como se algo dentro de si estivesse se encaixando. E agora ela tinha um emprego como advogada e sentia-se como uma poderosa executiva de negócios. Suas chances de ficar rica e famosa eram grandes. E ela tinha o grande objetivo, não importando seu esforço e caminho que teria que percorrer, queria muito dinheiro para poder esquecer sua pobreza e de sua família.

Mas aí começava também a surgir sua pobreza espiritual e de caráter.

Platão, o filho do Sr. Veslóquio, estava envolvido com uma rede de tráfico de armas, bebidas alcoólicas e mercadorias roubadas. E agora estava necessitando da ajuda da então advogada Taciana para defender alguns de seus comparsas.

Até aqui tudo bem, as pessoas podem escolher exercer suas profissões dentro daquilo que está previsto em lei, no seu código de ética particular e por demais, que sempre respeite as leis de causa e efeito.

Entretanto, no intuito de defender os seus clientes e na iminência de ganhar muito dinheiro, a moça mergulhou no mundo do crime forjando documentos, treinando falsos testemunhos, aliciando policiais e pior, até dando ideias sobre como efetivar um negócio ilícito com penas diminuídas ou longe dos olhos da lei. Sentia-se muito incomodada com todos os seus atos e pensamentos. Algo dentro de si lhe informava que várias coisas estavam erradas. Porém não apartava tempo para pensar sobre o afastamento da sua essência.

Mas cada um dos seres humanos tem o livre arbítrio. E Taciana fez suas escolhas. Focou suas metas e construções de vida no dinheiro, na fama e no poder. Mas esta combinação trouxe de volta suas tendências de outras vidas, ainda não resolvidas em seu ego. E diante de uma nova oportunidade de exercitar e aprimorar seu caráter, escolheu desperdiçar esta nova oportunidade que foi lhe dada.

Um humano chamaria de lamentável todo este episódio. Procurei intuí-la de repensar o caso. Telepaticamente informei que se quisessem defender seus clientes, que fosse dentro da verdade e não da mentira. Ela pediu um dia para dar a resposta a Platão.

Por mais que tenha procurado aconselhá-la, a escolha deveria ser inteiramente dela. Cada um é responsável pelo caminho que decide seguir. Podemos aconselhar, alertar, mas não podemos lhes tirar o direito de ser o que querem ser. Também não nos cabe interferir no seu livre arbítrio, dando preferência aquilo que achamos mais conveniente para aquela alma. Cada um deve construir seu próprio castelo, com a arquitetura de sua preferência. Nós ajudaremos a construí-lo se nele há verdade, amor e benefício aos seres humanos.

Mais uma vez tive que esperar por Maciela. Afinal, enquanto vivendo como Taciana, ainda não tinha edificado em sua alma a verdadeira luz. Ainda estava divida entre as luzes e as trevas. Entre ter abundância e riqueza de forma honesta ou ter abundância e riqueza rompendo com sua natureza. Quem quer se tornar pobre de espírito para obter algo que é possível sendo nobre de atitude e pensamentos?

Advirto, a cada um que lê este livro, que deve lembrar que enquanto não aprender a dominar o seu ego e eliminar a raiva, a perseguição, a comparação e o desejo descontrolado, não haverá paz e evolução completa.

O ego prefere manter-se intacto e vivo diante de todas as energias espirituais divinas que chegam até o eu, através da alma.

Ele inventa artimanhas para manter-se rigorosamente sob controle. Somente assim, o ego acredita que ao enganar a mente, ele estará vitorioso. Mas um ego negativo somente vive de ilusão, pois tudo o que ele afirma existir ou ser necessário fazer é sempre uma ilusão que mais cedo ou mais tarde gera sofrimento e desapontamento. Curiosamente, nem isto ele é capaz de enxergar enquanto sua cegueira aumenta. Somente quando começa a ser dominado e trabalhado para evolução é que vai surgindo o verdadeiro eu: pleno, sereno, dono de si, mas sem a arrogância comum de quem quer sempre se autoafirmar diante de seu ego.

E esta foi a trajetória de uma alma que teve uma nova chance. Que pediu, suplicou para voltar pra escola tridimensional. Por mais que tenha sido aconselhada espiritualmente, sua mente iludida e seu ego limitado dominando sua vida venceram. E ganharam o quê com esta "vitória"? Vemos muitas almas indo e voltando, num ciclo contínuo de nascer e morrer, tentando acertar o rumo, o caminho para a grande meta de fundir-se com a Mente Divina.

Somente na velhice, para ser mais preciso nos últimos cinco anos, é que Taciana resolveu voltar-se para o seu eu verdadeiro. Largou paulatinamente tudo aquilo que passou a perceber ser contra a sua natureza divina. E dedicou-se a burilar seu ego negativo e dar vazão ao seu grande poder espiritual. Assim, pela primeira vez depois de adulta, voltou a utilizar seus poderes paranormais, como sua grande intuição e clarividência para esclarecer mais a respeito de sua própria natureza. Agora os talentos divinos recebidos estavam a serviço do seu crescimento e não da sua destruição como fora nos anos turbulentos de vida profissional.

Passou a advogar em defesa daqueles que comprovadamente foram prejudicados por pessoas de baixo caráter. Escolhia suas causas e havia conseguido livrar-se do tormento diário da vida de criminosa. Afinal, no início de carreira sua inteligência logo chamou a atenção da organização criminosa e em pouco tempo ela era a advogada e mentora dos "negócios" da sociedade da qual passou a fazer parte.

Nos poucos anos de vida que lhe restavam, passou a fazer terapia e frequentar um grupo de estudos místico-espirituais. Pagou os estudos completos do filho da sua empregada doméstica e partiu aos 76 anos, quando um câncer destruiu seu cérebro e sua face.

Para minha satisfação, algum tempo depois a encontrei no mundo espiritual com uma personalidade mais aprimorada. Nós tínhamos um plano para ela, que continuava existindo, como também é real para cada habitante do seu planeta. Mas devido a tantos acontecimentos precisaremos fazer alguns ajustes. Ela não está pronta para assumir novas responsabilidades, mas continua acreditando no seu potencial. Espero que a sua vontade e força que desenvolveu quando fora Monge no Tibete durante três encarnações, venha à tona, assim que sua mente despertar novamente. Ela está estudando e tomando consciência das correções que necessita fazer em seu caráter.

Há uma lei que diz que tudo de bom que se adquire nunca se perde. Podemos não usufruir ou ficar sem acesso temporário, porém continua registrado e à disposição para ser utilizado quando nos tornarmos aptos. Vale para os seres humanos, para os Anjos, ou qualquer ser espiritual que caia na ilusão e se afaste temporariamente da luz.

Você deve estar curioso para saber o que aconteceu com Tobias neste tempo todo. Teria ele também retornado ao planeta em período semelhante ao dela? Teriam se encontrado? Sido namorados, amigos ou até mesmo colegas do crime?

Na verdade, nem sempre as pessoas encarnam na mesma época ou planeta. Também é importante informar que nem sempre, caso tenham tido existências em comum, as repetirão. Às vezes vocês passam uma vida toda sem encontrar novamente aquela alma que foi o melhor pai que você já teve em todas as suas reencarnações. Ainda que ambos estejam vivendo neste globo lindo, poderão se encontrar em países com características muito diferentes. Em algumas ocasiões, até mais próximos do que pensam, sem sequer se encontrarem no supermercado da cidade.

Pois é, quanto a Tobias tenho boas notícias. Na época ele recebeu a autorização de ficar mais um tempo estudando no plano espiritual. Quando desenvolveu as aptidões necessárias em sua alma, foi passar um ciclo, uma vida, num campo etérico existente no seu planeta de origem, na galáxia de Andrômeda.

Ele precisava receber alguns aprendizados com um grupo de amigos e parentes que estava habitando aquele local. E preferiu fazer tudo num ritmo mais seguro e que lhe trouxesse uma evolução mais estável. Nesta obra não farei a narrativa dos detalhes da trajetória de Tobias naquele ciclo no seu planeta de origem.

Existe uma confluência importante acontecendo. Tobias e Maciela retornam de seus centros de estudos e ingressam na escola que prepara os seres para tornarem-se candidatos a Anjos.

Talvez, para vocês leitores, isto explique porque estou responsável diretamente por eles.

Nem sempre um Anjo ou um mestre foi perfeito e maravilhoso em toda sua existência. Há um grande equívoco nisso tudo, onde a humanidade precisa se reciclar, se reformular e principalmente aprender a viver a verdade. Não significa que pelo fato de alguém saber amar, que ela já tenha superado todas as suas falhas. Não significa também, que pelo fato de alguém estar incumbido da tarefa de realizar orientações espirituais aos seus semelhantes, que necessariamente ele esteja livre de todo o carma e vulnerabilidades do Eu inferior.

No planeta Terra há muitos contrastes. Por exemplo: um ser humano consegue agir de forma muito bondosa e justa com alguns e no mesmo dia ser agressivo com seu pai, sua mãe ou um vizinho.

Vi homens com grande poder mental, realizando curas fabulosas para seus clientes e amigos. Mas quando suplicado pela sua mãe e avó para que ele as toquem e aliviem suas dores, ele dizia que não tinha tempo. Na verdade, por questões psicológicas o seu coração rejeitava a possibilidade de aproximação de duas mulheres importantes da sua vida.

Assim é com Tobias e Maciela. Ambos estão prontos para serem Anjos. Mas não totalmente prontos e aprovados. Eles desejam do fundo de suas almas servir nas legiões angelicais. Mas precisam ter mais experiência como seres humanos, como Anjos na Terra para poderem passar pela próxima iniciação que os tornará mais próximos da figura angelical. O importante é que conseguiram dar verdadeiros saltos nas suas evoluções espirituais durante este longo período de estudos e treinamento mental.

Quantos de vocês condenam os seus amigos pelos seus comportamentos. Quantos de vocês julgam o tempo todo seus cônjuges, familiares e filhos. Não dão espaço para que eles possam encontrar a si mesmos, pois você pensa que já sabe o que eles precisam. E ainda assim você se considera uma pessoa evoluída porque leu muitos livros de cunho espiritual e teve algumas encarnações que te deram status e poder.

Conheço uma pessoa, que há tempo a observo e muito acredito no seu potencial, mas o fato de ela ter descoberto que fora um faraó, vindo de Sírius, dotado de grande poder espiritual e influência no antigo Egito, atrasou um tanto sua ascensão espiritual aqui na Terra. Seu ego inflou e o glamour tomou conta. Ele não se achava importante nesta vida, e sim como fora em outra, dedicou muitos momentos para enaltecer o passado de fugazes glórias que não voltam mais. Realmente, naquela época de Faraó era um ser cheio de virtudes, mas que tinha muitos vícios e ultrajes espirituais.

Hoje fico contente, porque esta alma que quis brincar de ser Faraó novamente, posteriormente ficou envergonhada ao perceber que aqueles poderosos reis também destruíram, julgaram e condenaram muito a seu bel-prazer. Afinal, no passado e hoje também, quem, ao escolher sobre a vida e morte não comete abusos de autoridade? Quem destes não se faz acreditar que pode tudo? Que o seu ego negativo é sua identidade, esquecendo a sua essência?

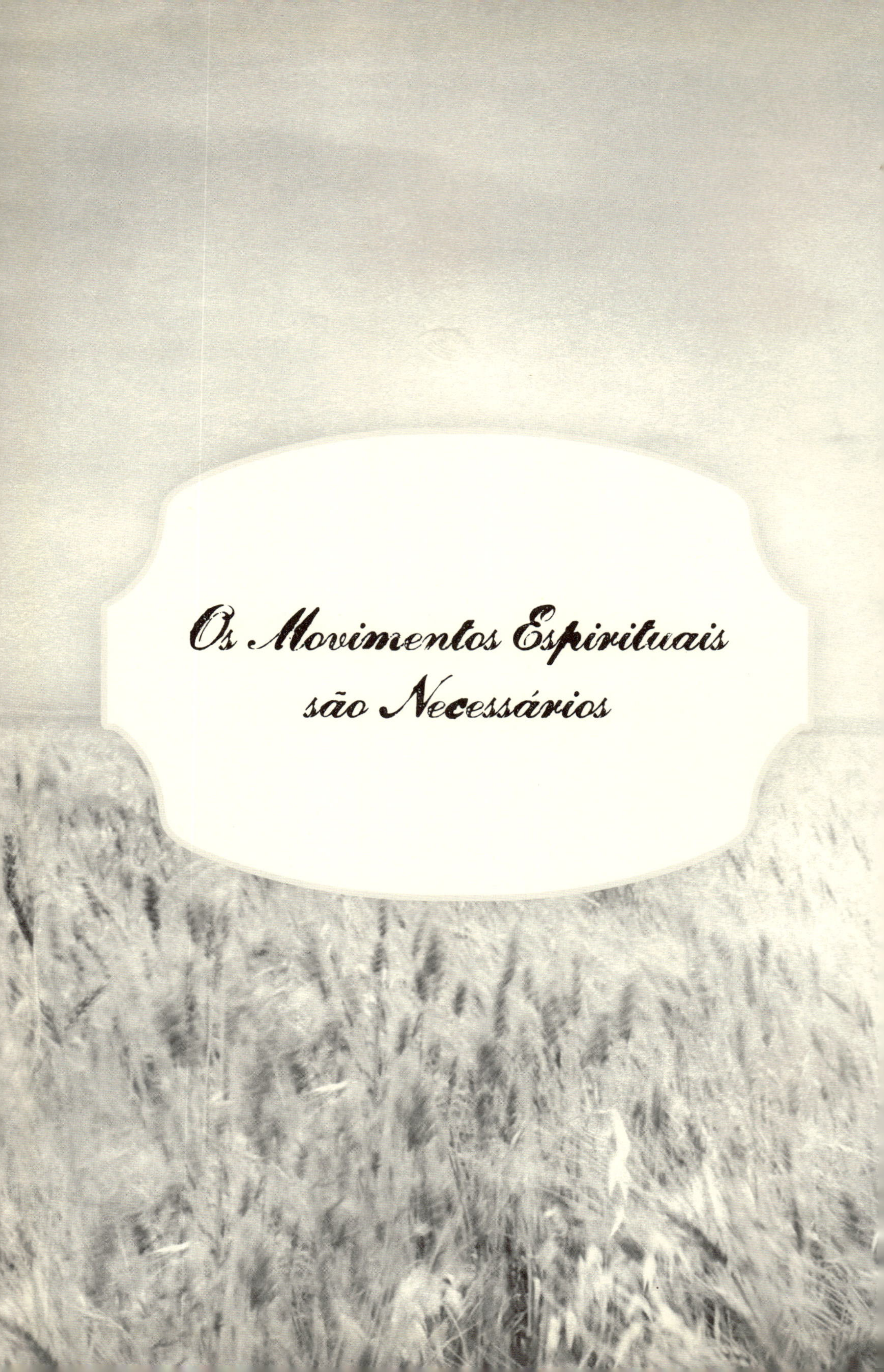

Os Movimentos Espirituais são Necessários

Há tempos, nós Anjos, observamos que a humanidade passa por uma crise existencial. Surgiram muitos novos grupos de estudos esotéricos, espirituais e religiosos. Mas continuam numa forma antiga de agir. Eles se comparam e tentam diminuir os demais grupos por não aceitarem as diferenças. Nem mesmo procuram entender os outros e antecipadamente, de forma precipitada e leviana, tecem comentários inescrupulosos e desnecessários.

Muitos dos participantes destes grupos são ou foram candidatos a Anjos. E Maciela e Tobias, assim como outros candidatos a Anjos, também necessitam dos conhecimentos que muitos destes grupos possuem. E terão que passar pelo teste de se envolver com estes buscadores da luz, sem permitir que os egos dos outros e os seus próprios, os dominem e suplantem suas nobres investidas espirituais.

Os grandes grupos místicos, espirituais e religiosos, seguiram os mais variados caminhos. Alguns buscaram o aprofundamento no entendimento de suas leituras oficiais, como forma de aperfeiçoamento e atualização. Enquanto outros grupos pouco fizeram por suas evoluções.

Os novos grupos que surgem como alternativa para a busca da ascensão espiritual e união com o Divino, nem sempre procuram unir-se em amizade, parceria e respeito com os que já existiam. Os antigos não os aceitam, e os que irão surgir se seguirem a mesma linha de competição também continuarão espelhando uma forma antiga de agir, abrindo espaço apenas para as trevas e a luz, dentro da mesma pessoa.

O que esperamos é que cada um de vocês, saiba discernir entre o joio e o trigo. Mas não o que pensam ser o joio, ou que supõem ser o trigo. Você pode estar usando filtros mentais limitados para interpretar e "julgar" a realidade.

É fundamental conhecer a fundo a si mesmo, suplantar seu ego, deixar fluir o amor e aprender com as mais altas hierarquias espirituais sobre as lições da vida e os recursos espirituais e mentais abundantes do universo.

Se você chegou neste planeta, chamado Terra, com certeza um dia vai sair daqui. Então que seja melhor e mais completo, mais amoroso e mais sábio do que quando chegou.

A Importância do Serviço na Evolução Espiritual

por Gabriel

Ao adquirir consistência no caminho da luz, todo o devoto deve lembrar que sua maior meta é se unir no seu grupo de alma principal (**mônada**[8]) em amor e luz do Criador, tornando-se um só com Ele.

Outro grande exercício da alma para atingir a luz está em servir a Deus, dedicando tempo e esforço pessoal na melhoria das condições de vida dos seres humanos e animais. Cada pessoa escolhe o tipo de serviço que mais lhe agradar, mas é preciso que escolha um. Senão, em algum momento será colocado à provas que exigirão que venha a trabalhar nesta dimensão. Ninguém evolui sem que a partir de algum momento passe a servir aos seus semelhantes. Seja chamando esta ação de caridade, doação ou serviço.

Existem vários tipos de serviços, como por exemplo, aquele que se dedica ao desenvolvimento espiritual das pessoas, ou, também, o de aliviar os sofrimentos causados pela fome. Você pode escolher colaborar para que os indivíduos aprendam uma profissão que lhe

8 - Mônada é uma grande alma concebida pelo Criador, a qual divide-se em várias partes, formando um grupo com extensões de sua alma matriz. Este grande grupo denomina-se mônada e mantém-se eternamente conectada.

deem o sustento, ou, ainda, optar por ajudar aqueles que não têm teto ou sequer uma peça de roupa para vestir ou trocar.

Ajudar os idosos, os jovens, as crianças, ou todos ao mesmo tempo, não é isso que irá lhe tornar mais famoso ou chamar mais a atenção de outras pessoas, e sim, o desejo verdadeiro da alma e não do ego negativo de representar Deus diante destas pessoas.

Experimente sempre oferecer os seus serviços a Deus. Todo o seu esforço e trabalho dedicado ao Criador faz com que a lisura do seu caráter perante o Divino se desenvolva cada vez em maior grau.

E é aqui que quero analisar o que Tobias e Maciela fizeram durante sua trajetória na Terra. Os chamarei a partir daqui de "minhas pupilas".

No verão do ano em que ambos completavam 12 anos, novamente os dois passariam por um grande teste.

Primeiro, o avô pediu exoneração do cargo, por não concordar com irregularidades cometidas em sua corporação. Depois, ele veio a falecer. Se é que alguém falece, afinal, continuamos sempre vivos.

A avó não recebeu a pensão porque foi considerado que ela não tinha direito, por tratar-se de um ex-militar falecido e não de um militar que viera a falecer ligado ao exército.

No dia do aniversário deles, não havia ninguém lá para comemorar. Eles se deram conta que não tinham amigos, pois por serem criados com uma educação muito rígida, nunca era permitido que comemorassem os aniversários.

Por mais absurda que parecesse a ideia, os dois pacificamente aceitaram o fato. Maciela comenta que vai querer um dia comemorar seu aniversário com muitos amigos.

Com a morte do marido, D. Consuelo resolve que não poderá mais cuidar das crianças. Afinal, ela sempre procurou dar o melhor a elas, mas acreditava que por estar se sentindo frágil, aos 88 anos, não seria mais possível dar continuidade ao trabalho de educá-las. D. Consuelo considerava as crianças muito especiais e evoluídas.

Então combinou com o seu filho mais novo, o Sr. Ângelo, de que ele deveria assumir a responsabilidade de cuidar e educar as crianças. Sendo assim, elas foram morar com ele na cidade de São Paulo.

Aqui começa o contato deles com um sujeito de grande desenvolvimento espiritual. O próprio já havia, pela intuição, previsto a chegada das duas crianças e os aguardava com grande expectativa. Trata-se de um professor capaz de desenvolver treinamentos avançados para almas especiais que habitam o planeta Terra.

O professor é um velho amigo de Ângelo e também um antigo conhecido meu e de muitos outros Anjos. Ele gosta muito de se intitular "mago". Sempre se dedicou a entender melhor a espiritualidade, buscando aprimorar os mecanismos de acesso às energias superiores. Se continuasse a estudar com tanta dedicação, certamente poderia servir de um bom conselheiro espiritual em outras dimensões e inclusive na sua próxima encarnação.

Com muita expectativa, Maciela colocou sua melhor roupa para a primeira aula e Tobias usou o perfume que mais gostava.

Por mais que fossem precoces em tudo, nesta idade ainda não tinham tido oportunidade de entrar em contato com nada da alta espiritualidade. O máximo que obtiveram foram os bons ensinamentos na igreja, que muito lhes ajudou a despertarem-se para o caminho espiritual. Mas eles queriam mais. Algo dizia para os dois que eles poderiam evoluir muito e que utilizariam seus talentos para o bem de todos.

O fato de estarem se encontrando com alguém que era chamado de mago, gerava uma expectativa muito grande nas crianças. Elas conversavam sobre quais as possibilidades de temas a serem estudados.

— Se ele é mago, provavelmente vai nos ensinar sobre magia. — Disse Maciela com um sorriso infanto-juvenil e olhos brilhantes.

— Acho que ele vai nos ensinar a descobrir onde Deus mora. – falou Tobias numa fala mansa e olhar de quem pensava longe.

A Primeira Aula com o Mago Horácio

Como Anjo, eu sabia que Maciela e Tobias estavam em boas mãos, considerando os cuidados espirituais que o Horácio daria a eles. Tratava-se de um homem sério, devotado, com equilíbrio emocional e com o ego sob domínio, o que o tornava imparcial e com capacidade de discernir entre suas vontades próprias e o que seria melhor para seus alunos. Se fosse diferente ele nem teria atingido toda a energia e evolução que possui. Na vida moderna do Planeta Terra há um limite para crescer com ego avantajado. Depois de determinados degraus da escada em direção a Deus só é possível subir se estiver com amor verdadeiro no coração.

São 15h30min e o mago prepara a sua sala. Coloca na sua mesa uma bola de cristal, cartas do tarô egípcio, tarô australiano, tarô tibetano e tarô atlante.

Neste instante, sem bater, entram pela porta os seus dois novos alunos.

— Batam na porta e aguardem. Assim manda uma boa educação. – Disse Horácio surpreso com a vinda das "minhas pupilas" meia hora antes do combinado.

Tobias e Maciela estavam tão ansiosos que não conseguiram esperar. Na verdade sabiam que deveriam aguardar até as 16 horas para bater na porta. Mas suas almas pareciam informar às suas mentes o quanto seria importante para seus caminhos aquele encontro.

— Desculpe senhor. Mas é que estávamos prontos e achamos que poderíamos vir antes. Nós podemos aguardar na sala de espera. – Disse Maciela.

— Vocês são bem vindos. Somente peço que aguardem a minha preparação mental e espiritual. Sentem. – Falou num tom doce e macio, mostrando que poderiam permanecer no recinto.

Na frente da mesa do professor tinha duas cadeiras de tom esverdeado que pareciam formar um triângulo com a cadeira do mestre. As crianças olhavam atentamente a cada detalhe que havia no quarto do seu professor. É isto, elas se davam conta de que na verdade aquele era o quarto onde o mestre dormia. O que não importava nenhum pouco, pois elas estavam interessadas nas grandes artes que aprenderiam com este homem gentil e também muito famoso.

Não demorou para que Horácio fizesse um diagnóstico preciso do que os dois necessitavam. Ao avaliá-los com sua vasta experiência e sensibilidade percebeu que não os treinaria com suas artes como mago, mas sim transmitiria ensinamentos para a construção de um verdadeiro caráter, aliado às lições práticas que a vida pode dar.

— Vocês desejam profundamente e querem começar agora a traçar seus novos destinos? Vocês são livres para optar entre ficar e estudar toda a grande magia do ser humano ou sair agora pela mesma porta que entraram esquecendo que estiveram aqui.

Um silêncio profundo tomou conta do local. Afinal, o homem de fala mansa agora se reportava a eles com uma firmeza e num tom de inquirição que elas ainda não tinham visto em lugar algum. Este professor sabia que eram crianças, mas sabia que tinham anseios de seres já com almas antigas e experientes.

Como pode o mesmo homem que antes estava tão manso, agora estar tão incisivo. Elas não entenderam. Tobias chegou a pensar que seria até uma incompatibilidade de gênios. A partir daquele momento, Maciela soube que uma pessoa pode ser doce e calma, mas também, firme e resoluta sempre que necessário.

Os dois trocaram olhares e viram que o assunto não era brincadeira. Até então, por mais que soubessem dos grandes benefícios que teriam, desconheciam os assuntos que seriam tratados. Além do fato de que a partir das suas escolhas se tornariam responsáveis pela busca daquele conhecimento e por tudo o que viria com a prática deles.

Tobias levantou e disse:

— Eu aceito ficar, senhor.

— E...e eu ta...também quero, senhor. – Falou Maciela com a voz titubeante, mas com o desejo sincero no seu coração.

Um sorriso largo tomou conta do rosto daquele homem de feições aparentemente franzinas, mas que ao mesmo tempo denotavam muita força.

— Que alegria, senhores! – comemora Horácio abrindo os braços com as mãos espalmadas ao alto – Como posso agradecer aos céus e ao nosso Deus, tamanha honra de receber aqui duas almas tão nobres e que há tempo buscam encontrar seus verdadeiros caminhos?

— Quando começamos? – Ansiosamente indagou Maciela.

— Agora mesmo. Vou me preparar. – respondeu o professor num tom festivo, enquanto saltitava em direção a uma de suas estantes de livros.

Tobias aproveitou para comentar com Maciela o que será que o mago quis dizer com "há tempo buscam encontrar seus verdadeiros caminhos." Mas Maciela, ainda sem consciência de todas as suas instruções espirituais, apenas percebia que fazia muito sentido. Ambos tinham a sensação de que se referia a algo muito antigo, que parecia ter mais tempo do que suas idades físicas aparentavam. Tudo parecia novo, mas muito familiar. Sentiam um misto em estudar o que nunca viram no colégio e ao mesmo tempo queriam saber o que estava por vir.

— Vejamos. Há quanto tempo vocês desejam estudar e conhecer algo que fosse muito especial, mas ainda não foi possível porque vocês não sabiam o que era? — Pergunta o professor.

— Não entendi. – diz Maciela.

— Bem, desculpem-me. Acho que não fui muito objetivo na pergunta. – Na verdade Horácio sabia que eles estavam na busca há séculos. Percebeu nas suas vibrações que se tratavam de dois buscadores da espiritualidade e que suas mentes nesta encarnação estavam querendo a todo custo se embrenhar nos meandros do mundo espiritual. Queriam definitivamente corrigir seus rumos.

— Vou mudar a pergunta. – continuou – Vocês gostam e se interessam por saber mais sobre os assuntos que falam de Deus, Mestres, Anjos, Arcanjos e as energias da natureza?

— SIMMM! – responderam as "duas pupilas", em coro.

Este era o grande momento que o professor espiritual estava esperando para poder começar a agir. Necessitava que eles optassem novamente por dar início às suas atividades de busca espiritual aqui neste planeta. Sem as suas autorizações conscientes, da minha parte não poderia fazer nada para orientá-los. Antes de assumirem seus corpos físicos, optaram por receber um alto nível de treinamento espiritual que seria ministrado por nosso grupo angelical.

Assim, estava dada a largada. Mais uma vez o destino estava acionado. A roda do carma se encaixou num ponto de partida semelhante ao que já acontecera em outras vidas destas duas almas.

Sabiamente Horácio deixou a escolha nas mãos deles para que pudessem exercer o poder maior dos seus livre arbítrios. Um respeito da liberdade e individualidade daquelas duas almas.

Como as crianças estudavam pela manhã, nada melhor do que dedicar parte do seu tempo livre aos temas de casa e estudos para as provas. Mas, como arte dos seus destinos cármicos, ao invés de irem brincar, preferiram solicitar ao seu professor que passasse ensinamentos que pudessem ser úteis para eles na arte de saber trilhar um caminho espiritual.

Observei que a alegria tomou conta de todos. Estavam alinhando suas energias com a história pessoal de cada um, que combinava com a busca da completa evolução de suas consciências.

Horácio, fazendo uma avaliação detalhada, notou que pouco do que tinha pensado em ensinar para os dois teria proveito. Antes de conhecê-los, pensava em ensinar assuntos relacionados à alta magia, encantos e algumas poções de cura dos corpos físicos, mentais e espirituais. Temas que ele havia estudado muito, praticado bastante e era referência de outros estudiosos da área.

Na verdade não estava diante de dois aspirantes a magos, como tinha sido dito por Ângelo. Intuitivamente percebeu que precisaria ensinar a estes novos alunos os mistérios das almas em si, o desenvolvimento de caráter e maneiras de elevar seus pensamentos e suas almas para um sentimento de religiosidade, de espiritualidade além dos livros. Nada de abster-se ao uso de símbolos, substâncias, palavras encantadas para ter acesso às energias da natureza.

Sua precisão em saber entender o processo de Tobias e Maciela era o que já se esperava. Caso necessário, eu o inspiraria. Mas não foi o caso. Afinal, este grande professor era a pessoa que escolhi e que fora aprovado pelo conselho angélico para iniciar as crianças no mundo divino.

Escolher alguém que os conhecia de outras vidas tornava bem mais fácil para iniciar o treinamento.

É Familiar Desenvolver a Mente

Quando Maciela observou aquelas cartas na mesa, houve uma curiosidade muito grande de sua parte em querer saber para o que serviriam aquelas lâminas.

— Através dela você pode descobrir o que há no seu inconsciente, na sua mente mais profunda, o que pode acontecer no futuro e quais as suas tendências. E também, o mais importante de todo o conhecimento por elas velados: compreender os mistérios do subconsciente e fazer interpretações sobre o momento psicológico do indivíduo.

— Tudo isto é muito familiar. É como se tudo o que o senhor diz ou possui por aqui, já fosse muito conhecido. – Disse Maciela.

— Para mim é como se eu pudesse prever suas próximas palavras. Aliás, parece que eu já lhe conheço de algum lugar. – Comentou Tobias com o polegar apoiando o queixo.

— Posso ensiná-los a ler o presente, entender o futuro e suas tendências e ainda compreender como alguns acontecimentos do passado podem influenciar na vida das pessoas. Quando souberem lidar com estas lâminas vocês poderão ajudar muitas pessoas a resolverem seus problemas psicológicos.

— Dá para descobrir as nossas coisas também? – pergunta Maciela com ar de muita admiração.

— Huuuuuum!!!! Vejamos: – creio que bem mais importante do que as informações que as cartas podem dizer, é o fato de que preciso relembrá-los a respeito do uso do caráter para guiar o conhecimento. Além do mais, quero que vocês compreendam que as cartas somente servem como apoio às suas interpretações sobre os movimentos do universo interior de cada um. A sua verdadeira percepção das revelações cósmicas deve estar acima de qualquer objeto.

A escolha de quem serão os principais mestres espirituais dos candidatos a Anjos varia expressivamente, dependendo do país em que as crianças nascem. Existem inúmeros caminhos e treinamentos para qualificarmos almas para a missão angélica, porém, vai variar de acordo com a cultura, posição geográfica, acesso ao conhecimento e outros fatores. Não poderíamos aguardar que todas as almas candidatas a esse crescimento recebessem o mesmo tratamento e treinamento. Os fatores históricos, culturais e morais existentes no Planeta Terra interferem constantemente na caminhada de um candidato a Anjo. E com um grau de habilidade superior, cada candidato conseguirá absorver o néctar que cada existência lhe dá.

Revelação de Sabedoria de Maciela

Em cada etapa da viagem pelo
universo dos Anjos existem
as estações e os Seres Celestiais
especializados em cada área
que necessitamos aperfeiçoar.

— Ouvi uma senhora que rezava muito, lá perto de casa, dizendo que os tarôs são coisa do demônio. Mas eu não acredito no tal demônio. – Disse Tobias, vacilante, como se quisesse uma opinião sobre o que tinha acabado de dizer.

— Rapaz, quem poderia construir o tal demônio que as pessoas tanto pintam? Será que nós mesmos quando pensamos coisas de baixa vibração, quando matamos, quando roubamos, quando invejamos a tudo e a todos, não poderíamos estar construindo nossos próprios demônios? Entendo que somente um grande esforço repetitivo pode fabricar um demônio. E ele será feito do nosso próprio material mental, tecido com nossas energias dentro de nós mesmos. E ele não será ninguém mais do que nós mesmos, com a mente divina sufocada pela ilusão. São mortos-vivos que acreditam no mal e procuram destruir o bem onde ele estiver. Estes são os demônios que habitam um corpo físico e são atraídos para o Planeta Terra devido ao carma coletivo da humanidade. E o carma continua sendo alimentado por cada um que agride de alguma forma os seus semelhantes, seja fisicamente, moralmente, emocionalmente ou mentalmente.

E os Senhores das Trevas têm um grande interesse em que isto continue acontecendo para que eles possam reinar.

— Então aquela senhora é um demônio? – Diz Tobias assustado.

Uma gargalhada toma conta do local. O professor gostava de rir alto e em bom tom.

— Querido amigo. – completa o professor Horácio — Os seus olhos de espanto me fazem entender que de alguma forma você ainda teme estas forças sombrias. Mas ao lembrar que é filho pleno da luz, nada mais lhe atingirá, e os preconceitos tolos e inócuos ao mundo da luz cairão por terra.

Na verdade Tobias, aquela senhora é apenas uma vítima de um paradigma que reinou durante séculos. Não é à toa que alguns grupos religiosos cresceram facilmente ao prometerem defender as pessoas destes "demônios". Mas esta nunca foi a essência de qualquer religião. Lamentavelmente, muitos líderes espirituais se ocuparam mais desta velha tarefa, quando deveriam propagar o amor, o respeito e o crescimento espiritual verdadeiro que suas escrituras tão sabiamente tratam. Ao envolverem-se assiduamente com a energia suja do tema "demônios", invocaram seus próprios medos inconscientes e de seus fiéis. Sem saber, todos ajudaram a fortalecer ainda mais estas ideias de poder do Satã. Por mais que tivessem imbuídos de uma boa intenção, todos foram energeticamente afetados pelo padrão vibratório que se instalou, por consequência dos pensamentos tão repetidos de que os demônios são fortes, temíveis, etc. Assim os fenômenos mentais e espirituais não compreendidos nestas épocas passaram a ser evitados, pois quem sabe ali estaria a semente do tal mal tão propalado.

— Ah! Entendi. – Manifesta-se Maciela com um tom de voz seguro — Como na época a evolução espiritual das comunidades em geral era muito baixa, seu entendimento sobre os mundos divinos e invisíveis ficaram prejudicados. Assim eles rechaçaram todo o tipo de processo divinatório, inerente das faculdades naturais da mente. Sem conhecer as inúmeras manifestações paranormais provindas de manifestações mentais, e desconhecendo as inúmeras forças espirituais herdadas de Deus, acabaram por evitar qualquer conexão com o próprio Criador, que não fosse a oficial para a época. – conclui Maciela com as pernas cruzadas e os dedos polegar e indicador apoiando o seu pequeno queixo.

O silêncio tomou conta do local. O professor fitou os olhos de Maciela e quieto mantinha-se olhando fixamente para ela.

— Eu disse algo de errado, senhor? – Perguntou confusa a menina.

— Não... Não! .... Não!!! – expressa-se Horácio com ar de surpreso — Na verdade estou encantado. Comovido. Você está mais adiantada do que pensei, considerando sua idade. Desculpe-me. Eu esperaria esta compreensão de um adulto. Por mais que seja óbvia a resposta, ela com certeza vem da conexão do seu conhecimento atual com o do passado.

— Hein!? – Agora Maciela quer saber mais, mesmo.

Momentos como estes são especiais para nós Anjos, pois a consciência está desabrochando. E no caso de Maciela, este era o estímulo certo. A forma como cada um desperta suas inteligências passadas e os seus conhecimentos adquiridos variam de pessoa para pessoa e também quanto à idade e nível de consciência.

— Maciela e Tobias. Todos nós vivemos mais vidas. – Pondera o professor e mago — Tudo está gravado no nosso inconsciente ou "interior da mente" como você disse Maciela. Por exemplo, nós três vivemos muitas vidas antes desta. Tivemos outras profissões, vivemos em outros países, tivemos pais, mães, irmãos diferentes e em alguns casos até os mesmos novamente. Até o Anjo que os acompanha já viveu aqui na Terra. – finalizou com um piscar de olho em minha direção, querendo dizer: — Sei que você está aí, Senhor Anjo.

Esperto. Neste momento ele estava fazendo graça comigo. Procurei ser discreto e apenas permanecer ali com o intuito de somente interferir caso este encontro se desviasse do seu propósito. Mas lidar com Horácio, um futuro Anjo é sempre mais fácil e confortável.

— Você piscou para o Anjo? – Perguntou Tobias.

Horácio pensa e devolve com outra pergunta:

— Porque você perguntou? Você é esperto garoto.

— Porque eu vi o senhor piscar para o lado como se houvesse alguém ali. – Continua Tobias com aquela graciosa expressão de rosto que toda criança possui.

— Então vamos aproveitar para nos conhecermos mais. – Retruca o professor – Quem está vendo ou sentindo a presença de Gabriel. Opsss...!!! Desculpe Gabriel, não sei se podia falar o seu nome.

— Eu sinto que tem alguém ali. E é alguém especial. Não me dá medo. Passa-me uma coisa do tipo... paz! — Disse Tobias.

— Eu também sinto uma coisa ali! – Maciela entusiasmada aponta para a cadeira ao lado esquerdo da mesa do professor – Mas sinto um pouco de medo quando falo do assunto.

— Há quanto tempo vocês dois sentem estas presenças?

— Sempre foi assim. – Maciela responde com a pressa de quem quer entender mais sobre o que está acontecendo.

— Para mim também. – diz Tobias – Mas eu já vi um Anjo bem grandão, por umas três vezes. Duas vezes eu estava brincando e outra eu estava atravessando uma avenida cheia de carros.

Como ser angelical evito ficar o tempo todo dizendo a todos os seres humanos: — Olá, eu sou o Arcanjo Gabriel! – De maneira discreta e atuante estou sempre acompanhando os passos daqueles que sou incumbido de cuidar.

Ok! Meu papel como Anjo orientador tomara novas proporções. Agora ficou tudo revelado. Eles passariam a ter uma consciência maior do meu trabalho e da minha existência. Afinal, sempre precisamos de um bom fofoqueiro, no melhor sentido da palavra, para nos denunciar. Neste caso, ninguém melhor que o Horácio para cuidar deste assunto. Achei que só mais tarde eu seria revelado de forma tão explícita. Bem, gostei do que aconteceu. Uma nova forma de me relacionar com eles poderá surgir, caso eles queiram e venham ao meu encontro. Não cabe a mim forçar nada fora do script. O crescimento de cada ser humano, o desenvolvimento de cada consciência individual e coletiva passa por diversas leis cósmicas que precisam ser obedecidas.

Estou no papel de colaborador e apoiador do desenvolvimento das pessoas, assim como todos os Anjos estão. Podemos auxiliar inclusive quem não aceita ou não acredita em nós Anjos. Claro, sempre sob autorização de nossos amados **Elohins**[9]. Se estivéssemos o tempo todo nos intrometendo, violaríamos os códigos do livre arbítrio, interferiríamos em leis cármicas e até geraríamos estorvos para nossos guiados.

Você já imaginou um Anjo "forçador de barra" (não vejo problema de um Anjo usar gírias decentes) que acaba inibindo um grande aprendizado, apenas para satisfazer os seus próprios caprichos? Seria ridículo gerar carma para mim mesmo. Longe disto. Mas confesso, por termos sempre convivido tão próximos das vibrações humanas, por exemplo, muitas vezes, por experiência, entendemos qual seria o melhor para aquele guiado. E dá uma vontade de interferir. Mas não posso.

Se você já é alegre, não precisa deixar a alegria para servir como Anjo. Se você é egoísta e com muita facilidade se sente irritado ou enraivecido, aí sim, meu amigo, você precisa deixar disto para ser Anjo. Abandonar completamente os instintos e emoções desequilibradas e desarmônicas são passos fundamentais para ser aprovado como um servidor do mundo angelical.

9 - De acordo com o Dr. Joshua David Stone, "os Elohins são seres que Deus criou para ajudá-Lo a construir o universo." Trabalham diretamente com a cooperação das várias classes de Anjos.

— Terminou nosso tempo. — Interferiu Horácio com uma voz num tom determinante. — Preciso sair agora. Vou até a Escola Xisto Canindé, onde leciono sobre comportamentos angelicais para uma vida melhor.

— Podemos ir juntos senhor? – pergunta Maciela, frustrada com o término do encontro com seu novo Mestre.

— Não "minhas pupilas". – terminou a frase quase gargalhando.

— Quando nos veremos novamente tio Horácio? – Pergunta Tobias, num jeitinho infanto-juvenil.

— Vou pensar e agendo com vocês o melhor dia para a próxima semana.

O professor dá beijos estalados nas bochechas esquerdas da dupla e os acompanha até a porta guiando-os pelos seus ombrinhos miúdos.

Nas Mãos de um Novo Mestre

Três dias haviam se passado e Horácio ainda não havia dado notícias. Para duas crianças é um longo tempo esperar algo que querem tanto. Então elas tiveram uma ideia. Pediram ao seu tio se poderiam almoçar com o seu professor espiritual.

— Não sei se é uma boa ideia. O Horácio é uma pessoa ocupada. Mas telefonem para ele e façam o convite. Eu pago o almoço para vocês no restaurante La Traviata. A comida é saborosa e o local é acolhedor. – disse o tio.

— Oobaaa!!!! – responderam "as pupilas", saltitando e batendo as palmas das mãos de maneira com que se encontrassem umas com as outras no ar.

Imediatamente Maciela pegou um cartão de visita do seu professor que havia coletado na sala de espera dele. Correu até o telefone e ligou para Horácio. Deitada no sofá, de cabeça para baixo quase encostando-se a um bonito tapete vermelho, aguardava o atendimento da sua chamada. Entrou na secretária-eletrônica:

— Escritório do Horácio. Por favor deixe seu recado. Darei retorno assim que puder.

— Senhor Horácio, o Tobias e eu queremos convidá-lo para almoçar conosco num restaurante que não me lembro o nome, mas o tio disse que é bem legal! Você pode nos ligar para confirmar?

Desligou eufórica, afinal era um encontro extra, que não estava nos planos deles.

Maciela dirigiu-se até a estante de livros do tio para procurar algo para ler. Havia brotado um interesse interior muito grande por leituras que fossem importantes para toda a sua vida. Tobias foi jogar futebol no pátio com dois colegas de aula do colégio que frequentavam pela manhã.

Passou uma noite de sono reparador, onde Tobias sonhou que o Horácio havia ligado e ele atendeu ao telefone quando recebeu a notícia de que o professor aceitava o almoço.

Enquanto Tobias, no café da manhã recordava do sonho, tocou o telefone.

Maciela fez um gesto com o corpo de que iria levantar da cadeira para correr até o telefone. Tobias gritou:

— Deixa que eu atendo!!

Correu até o telefone e atendeu-o após o segundo toque.

— Alô, é Tobias.

— Olá meu pupilo. Bom dia. Recebi o recado de vocês. – Fala Horácio num tom de voz animado.

— Ah, sim. – Tobias estava nervoso e ao mesmo tempo muito atento, pois tudo estava ocorrendo conforme seu sonho.

— Eu aceito almoçar com vocês. Pode ser quarta-feira depois da aula. Posso pegá-los no colégio. Vocês têm preferência de local para almoçar?

— Nós já temos um restaurante. É o...tio, qual é o nome do restaurante?

— La Traviata! – gritou o tio.

— La Virata? – informou Tobias ao seu professor.

Tio e Maciela deram uma gargalhada.

— La Traviaataaa!! – instistiu Maciela.

Tobias ficou vermelho e com tom de voz de envergonhado, repetiu:

— La Traviata...

— Eu conheço este restaurante. O seu tio tem um bom gosto. É uma comida caseira e de preço acessível. Eu topo.

— Está bem. Muito obrigado. Esperamos-lhe na saída do colégio.

— Legal. Um abração para vocês três. – Ainda sorrindo, complementa: — E da próxima vez, que o seu tio, faça o almoço para nós.

— Tchau! – Encerrou Tobias.

— Tchau, querido pupilo.

O Horácio utiliza muito bem as suas faculdades mediúnicas. Então ele tem me visto em todas as visitas que faço para acompanhar Maciela, Tobias e seu treinamento. O professor descobriu que chamo os dois jovens de "pupilas". Repare que ele aplica a palavra, com o intuito de gerar um gracejo para comigo. Sei que este é o jeito dele. Bem humorado. Desempenhar um trabalho sério e que se faz com amor, traz alegria e vontade natural de ser simpático. E como ele é candidato a Anjo, já está sabendo lidar com este talento. Duas das nossas características angélicas são a da alegria e do bom humor.

O fato de nos aproximarmos bastante das pessoas com as quais cooperamos para as suas evoluções, acaba influenciando nas suas próprias energias e pensamentos. Notem que o Horácio captou logo no primeiro encontro que costumava chamar as crianças de "minhas pupilas". Na verdade estivemos juntos em outras missões, e em duas delas, este confiável professor capitaneou outros de meus guiados – candidatos — pelos mares da vida. Na ocasião eu também os chamava de "minhas pupilas".

Agora que os dois pequenos buscadores conheciam o seu novo mestre, as coisas poderiam andar mais tranquilas e o desenvolvimento espiritual deles já havia sido organizado, ao menos intelectualmente.

Por conhecer Tobias e Maciela era previsível que também buscariam frequentar templos religiosos e estudos filosóficos e científicos de suas preferências e necessidades. E tudo se soma no caminho evolutivo. Deus está em todos os lugares e nós Anjos somos instrumentos de luz, bondade e amor deste Grande Criador.

Por eles estarem vivendo num planeta tão dinâmico, certamente haverá muitas descobertas e aprendizados pela frente. Talvez um dia eu volte a falar outros fatos sobre a trajetória dos jovens por aqui. De repente terei autorização para falar sobre as "três pupilas".

Contei parte da história deles para possível reflexão sobre algumas possibilidades da evolução espiritual transmitir conhecimentos e exemplificar outros que possam auxiliar na expansão espiritual de todos os interessados.

Quero frisar que a partir de agora o que está em pauta não é o noticiário da vida diária dos anos que se passam na vida destes candidatos. Vamos ao essencial: A vida deles continuou com muitas situações e acontecimentos como seria para qualquer membro da humanidade. Num próximo contato falaremos de alma, para alma. Saindo do âmbito terreno, porque este como disse, está encaminhado para os personagens.

Qual foi o resultado final dos seus treinamentos e buscas pela luz no Planeta Terra? Quais são os desfechos das trajetórias de Maciela e de Tobias?

Anjos existem.

Onde estará Maciela e Tobias?

Eu, Nelson Theston, fiquei aguardando um longo período até que Gabriel ou os outros Anjos fizessem novas revelações sobre o que aconteceu com Maciela e Tobias. Ainda continuariam estudando com o professor Horácio? Já haviam partido do mundo terreno? Caso tenham se tornado Anjos, como eu ficaria sabendo e como entenderia para poder colocar no livro? Continuavam candidatos para se tornarem Anjos em alguma outra dimensão?

Intuo que algo especial está para acontecer. Neste momento uma legião de Anjos Guardiães estão realizando o desdobramento da minha mente e de alguns corpos, projetando a minha consciência para um campo de energia angélica semelhante a um templo onde está prestes a começar uma cerimônia angélica. Em todas as conexões tenho aplicado uma técnica de programação mental para que o meu corpo físico continue digitando e narrando os detalhes. Neste momento estou assistindo a um evento cósmico.

Na Câmara de Kadmon

O ser que ministrará a cerimônia é Metatron, com vestes violáceas e raios de luz rosa e verde claro trespassando por vários metros do que seria o tecido da sua veste. Esta combinação de tecnologia de tecidos e cores nós não temos no Planeta Terra.

De onde me encontro posso ver o Arcanjo Gabriel sentado tranquilamente diante dos dois **neófitos**[10], Tobias e Maciela, que também se encontram sentados.

O Príncipe da Luz, Senhor Metatron dirige suas palavras para os candidatos:

— Agora que os senhores estão aqui nesta sala chega o momento de arguir algumas questões fundamentais para os seus aprendizados futuros.

Creio que cada um de vocês esteja cada vez mais consciente das suas futuras tarefas e também das suas totalidades vivenciadas daqui para frente.

10 - Neófito é a denominação dada aquele que é novato ou noviço. Principiante em algum caminho espiritual, religioso ou filosófico.

A mim não cabe responder se estão ou não conscientes do que me refiro. Porém as perspectivas têm se mostrado animadoras para os seus próprios caminhos, para as suas próprias vontades.

Muitas vezes virão até esta sala celestial e diante desta vibração violácea, mergulharão seus seres em torrentes de amor, paz, harmonia e luz cósmica.

Suas ondas mentais e características genéticas estão se aperfeiçoando.

As qualidades cósmicas necessárias para as suas próximas etapas estão se reunindo numa gama compacta e direcionada.

Sou aquele que facilita esta fase do trabalho. Para Eus inferiores, poderiam até julgar que dificulto o acesso às próximas fases. Porém, quem está pronto, determina-se a seguir adiante.

Minha função é a de garantir a harmonia dos processos de ascensão. E ao mesmo tempo equacionar a convivência entre todos os candidatos diante das portas do mundo angélico maior.

Qualquer nova função que candidatos queiram ou possam assumir, necessita de um rigoroso teste com ampla e perfeita análise quanto aos aspectos vibracionais, mecânicos e de estabilidade da supra consciência.

Sempre existe espaço para novos postos e para novos Anjos. Entretanto, não existem atropelos para receber novos pretendentes. Há sim a disposição em aceitá-los.

Permaneçam nesta câmara, aconteça o que acontecer em seus campos de energia. Caso desistam do que ela vai oferecer, comprometerão os próximos movimentos ascensionais.

Vinde a mim ondas luminosas divinas e transbordem este espaço com as configurações ajustadas para os exames de luz destes candidatos.

Retiro-me sem mais nada explicar. Esta fase não é feita de palavras e pensamentos a serem transmitidas. Esta fase é feita de práticas.

Bem vindos a nova etapa. Vocês saberão o momento de sair da Grande Câmara de Kadmon."

Na condição de ser humano, me sinto embevecido com tudo o que estou experenciando. Que os mecanismos necessários na minha mente se mantenham ativados para que eu possa continuar narrando este acontecimento cósmico.

Agora enxergo todos os seres presentes na cerimônia saindo silenciosamente. Todo este monólogo foi ouvido atentamente por Tobias e Maciela. Acredito que este evento na Câmara de Kadmon já aconteceu há mais tempo. Como num filme, os acontecimentos foram reproduzidos para que eu pudesse narrá-los. Tento relatar aos senhores, porém diante de uma inebriante paz e conforto tomando conta do meu ser, faz com que me cale... Percebo que os próximos passos que lá acontecerá ou aconteceu é velado da consciência humana. Não sei até quando permanecerá oculto. A cada vez que procuro por novos detalhes para relatar que possam estar impregnados em minha consciência, vem como resposta a paz profunda e o conforto emanados daquele campo que insiste em manter as informações protegidas. É possível perceber que diante do encontro destes seres celestiais, tanto Tobias, quanto Maciela, nunca mais serão os mesmos. Nunca mais visitarão níveis baixos de consciência. Respeitemos o silêncio sobre o que está acontecendo dentro da câmara, quando cada neófito por lá passa. Quem sabe um dia tenhamos consciência para conhecer, acessar e viver aquela fase. É isto. Fechem os seus olhos e peçam para que esta energia inebriante chegue até vocês.

A substância emanada pelos Anjos é par ser vivida, sentida, experimentada, degustada no âmago da alma. Nada mais, nada menos. Chame a sua para um ponto de luz angelical e inebriante e permita que ela realize um alinhamento espiritual em suas vidas. Agora.

"Invoco amorosamente a grande essência angelical presente na consciência do Arcanjo Miguel. Invoco a própria grande consciência do Senhor Gabriel. Agora entrego os meus pensamentos aos senhores e peço--lhes para que neste momento aumentem o meu quociente de luz. Aumentem o meu campo de força, conectando-me aos seus campos de luz".

Coloque-se numa posição de receptividade e permita sentir a força fluindo e preenchendo até os seus mais elevados corpos vibracionais e suas auras angélicas. Fique aberto aos fluxos de luz, até sentirem-se preenchidos. Agradeçam e voltem às suas tarefas normais ou aproveitem para realizar uma tarefa que exija bastante concentração, energia ou criatividade.

Uma Aparição Reveladora

por Nelson Theston

Estou em casa, refletindo e relaxando. Enxergo outra dimensão e intuo que devo escrever a experiência. É uma faixa vibracional do mundo angélico. Um grupo de Anjos está atuando numa atividade que procuro compreender. Aprecio a visão que me é fornecida. De repente a energia de um dos seres de luz se destaca em minha percepção. É como se aquele ser feminino quisesse aparecer. Normalmente quando vejo grandes grupos de Anjos, eles atuam de forma anônima. Raramente os reconheço individualmente, exceto se já tenha tido experiências diretas com eles.

Apresentou-se nitidamente. É Maciela. Ela está ascensa. É muito profunda e transcendental esta aparição. Que sensacional. Aquela menina conseguiu. Agora um ser angélico feminino pronto, ali, atuando nas hostes cósmicas. Quanto amor na sua energia, quanta alegria. A sua história não foi invenção da minha cabeça. Ali estava ela. Ela existe. MACIELA EXISTE! É UMA LINDA "ANJA"!

Tinha contato suficiente com a energia dos personagens relatados pelos mentores, para saber quem era aquele ser angélico feminino. Eu a reconheci. Ela está ali, trabalhando, junto com uma equipe de Anjos. Não parou o seu trabalho e deixou-se ser vista.

Eu sinto a familiaridade que existe entre nós. É como se estivéssemos juntos em outras oportunidades. Ela já esteve ao meu lado em outros momentos, aliás, em vários momentos.

Agora vivo uma das mais fortes emoções da minha vida. Choro convulsivamente diante desta revelação. Um Anjo na sua energia feminina se revelou. Ela existia de verdade. Meus olhos mentais confirmam. As vestes rosáceas com tons verdes faziam dela uma presença espiritual pura, elevada e impactante. Estou diante dela. E ela é minha amiga. E eu nem percebia tudo isto. Ela sempre foi minha amiga. Sinto que nossa amizade é de longa data. Sempre esteve por aqui e por tantos outros lugares. Ela me conhece mais do que eu conheço ela.

Você, querido Anjo Maciela. Tanto amor transborda do seu ser. E eu aqui te procurando na minha mente, no meu intelecto para poder contar a história de vocês. Mas não havia te procurado no mundo dos Anjos. Teria você se revelado, caso tivesse ido à sua busca? Talvez não fosse o momento. Assim de surpresa gerou uma experiência profunda em minha alma, tanto que passarei uma vida extraindo aprendizados.

Uma grande lição estampa-se em minha mente: os Anjos são muito sábios e sabem passar os seus ensinamentos sem atrelar-se ao tempo daqui da Terra.

Minha admiração e devoção pelo povo angélico aumentam mais ainda. Obter ajudas suas nas minhas questões materiais e psicológicas tornaram-se desnecessárias diante do grande presente que ganhei: a grata e libertadora descoberta de que Maciela existe. Não é somente um personagem do livro.

Agora estou embevecido pela sua presença. Estou encantado com a descoberta que se apresenta em minha frente. Um sentimento de profunda amizade, conexão e amor inundam o meu ser, gerando silêncio, paz e conforto espiritual. Paro de pensar, raciocinar, pois o sentir é muito mais esclarecedor.

Agora é momento de silêncio interior e receptividade.

15 de abril de 1980

por Maciela

Devoto-me plenamente à luz e sei que a ela pertenço. O que seria do meu ser se não houvesse o amor para todos os dias sentir-me vivificada na Fonte.

Antes eu era só a carne, agora sou o espírito conectado com a realidade maior, a verdade una com o Cosmos. Agora estou aqui neste novo mundo, aquele que sempre me senti parte. Sinto-me pronta para falar e contar através de você, chegando a todos que querem saber de mim e a obra que realizo.

A conexão com o mundo maior se deu no dia em que pela primeira vez enxerguei aquele grande Senhor Gabriel projetado no jardim da minha casa. Dali em diante nunca mais deixei de sentir pulsar no meu peito o sentimento do dever a ser cumprido e da admiração por aquele mundo que parecia ser parte do meu eu.

Antes de falar sobre minhas tarefas e obras, quero dizer que tudo o que aconteceu foi para que hoje eu pudesse estar livre e ser uma com o Arcanjo Gabriel. A menina que antes teve outro nome e que agora sonda os mundos superiores para sempre saber o que mais pode dar e levar aqueles que vibram no amor e suplicam por salvação, por pureza e dignidade de alma.

Nada mais importa, a não ser continuar no caminho da evolução. O mais prazeroso de tudo isto é saber que há uma tarefa diária de manter-me em estado de pureza e luz, para assim poder continuar sendo digna do amor que recebo do Altíssimo.

Troquei posturas humanas por posturas angélicas. Algumas são muito próximas entre elas. Outras possuem uma discrepante distância. Um abismo cultural.

Hoje, depois de tudo o que experimentei na última estada com vocês aí na Terra, sou um ser um pouco menos impulsionado pela genética humana. Como ficou fácil de compreendê-los após tudo isto.

Enquanto você lê este livro, me regozijo com o que vejo. Agora, neste instante, mais almas entram nos reinos dos céus, purificadas e libertas das correntes cármicas. Aconselho que todos continuem buscando a sua própria luz. Antes Maciela, agora Gabriela. Minha responsabilidade e missão é colaborar para tornar o céu cósmico um local para muitas novas almas. Minha missão é preparar novos cidadãos e cidadãs para despertarem completamente a sua essência divina.

Minha missão é ensinar o amor para aqueles que me pedem. Minha presença nos seus mundos é para libertar e despertar aqueles que anunciam dentro de si uma verdade superior baseada em amor, confiança, alegria e fé.

E sempre que possível sou indicada para a função de preparar os treinamentos e conduzir mais algumas almas para se tornarem angélicas. Nesta parte você sabe ao que me refiro. Afinal, a parte Maciela vibrou nesta história.

Tobias se Pronuncia

O universo e as suas galáxias
são tão cheias de possibilidades,
tão diversificadas quanto às
manifestações da alma
e suas formas.

Eu sou Tobias, e continuo com o nome de Tobias. Gabriela avançou para um grande encargo, o de Arcanjo. É uma longa história se contar as razões pelas quais ela pode estar nesta função. Estou vivendo intensamente como Anjo e possuo inúmeras tarefas de resgates de almas vítimas de guerras e confrontos étnicos. Ser Anjo é uma experiência única, especial, intensa, reverberante e amorosa. Diferente do amor compreendido no mundo que possui a dimensão tempo.

A amizade aqui é profunda e o bem estar é contínuo e generalizado. Estou estudando, preparando-me para uma nova etapa. Inspirar escritores. Quero ser útil nesta tarefa também. Em pouco tempo estarei pronto para mais esta missão.

A convivência com os Mestres Ascensos é intensa e possível graças ao fato de que não há hierarquias concorrendo, disputando, buscando provar superioridade ou inferioridade. Bem, na verdade, só estou falando assim para contrastar com o que podemos perceber no seu mundo físico. Seria uma desordem se permitíssemos a entrada e o fortalecimento do ego humano negativo.

Agora que volto a ser Anjo, percebo que antes eu já era em minha essência. E por muito tempo busquei esta condição que sempre foi real para a minha alma, mas a minha mente esteve equivocada -por um período— quanto a esta grande verdade.

Conscientemente percebo e transmito à vocês, para reflexão, que todos nós, Anjos definitivos ou seres humanos temporários, temos a semente cósmica da Criação Divina que nos tornam seres de absoluta evolução e iluminação. Precisamos é explorar e manifestar esta verdade. Nunca funcionará se ficar somente na aparência ou no simples desejo. Deverá ser na essência, de forma inabalável. Resistindo a todos os testes e mantendo-se incólume diante de qualquer mudança ou variação externa. Se a estabilidade mantiver-se, o Anjo estará pronto. Precisará apenas ser apresentado para os Mestres que farão a revisão final dos últimos tempos, observando o comportamento, crenças, conteúdos emocionais, valores em nível de alma, grau de ascensão, nível alcançado e estabilidade de devoção.

Você quer ser um Anjo? Você pode. Então se prepare, dedique-se, busque o aperfeiçoamento, engrandeça sua alma, sua mente e seu espírito. Os Anjos especializados em evolução angélica estarão dispostos a lhe apoiar. Eles estão sempre prontos. Foi assim que aconteceu comigo.

Eu, Nelson Theston digo: Após ouvir Tobias comentar "Agora que retorno a ser Anjo..." fiquei muito curioso sobre o que especificamente ele estava querendo dizer.

Porém fui investigar aquelas palavras e através da canalização recebida de Tobias notei nitidamente que não era um momento para perguntas. Entendo que o leitor também está curioso para saber se ele já foi um Anjo. E se o foi, porque voltou aqui na Terra para depois se tornar angélico novamente.

O Anjo Tobias tem muitos mistérios não revelados. Toda vez que quis conversar com ele, tive que esperar muito tempo para receber as suas respostas ou mensagens. A minha onda mental precisa viajar muito mais até poder chegar nele. Muitos de seus conhecimentos são impronunciáveis e ficam velados da consciência humana. Ao menos por enquanto.

Eis o que tenho a revelar sobre o que Tobias me explicou: há quatro milhões de anos a alma dele pertencia a uma classe de Anjos no sistema planetário de Anturio, na vizinha galáxia de Andrômeda. Ele vivia num padrão vibratório não tão complexo e evoluído quanto o que se encontra hoje.

Após algum tempo de trabalho naquela região, pediu autorização para mergulhar em novas experiências e em outras faixas de tempo e dimensões. Percorreu diversos caminhos, realizou muitos estudos e participou de trabalhos os quais informa não ser o momento de comentar e que não está autorizado para narrar tais experiências. Percebi que os mecanismos de troca de mundos utilizados por ele são mistérios a serem guardados. Sabe-se lá por quanto tempo. Espero que estejamos evoluídos o suficiente para saber mais detalhes em breve.

Tobias retornou ao ciclo de viver na condição de Anjo diretamente num dos mundos angélicos. Por tudo isto ele pode declarar: "– Agora que retorno a ser Anjo, percebo que sempre o fui em minha essência."

Maciela e Tobias já atuam no planeta Terra

Depois destes discursos de Maciela e Tobias, alcanço um nível agradável de esplendor espiritual. Sei que passageiro, pois ainda tenho que lidar com as variações características do meu estágio evolucional. Porém, confesso que sinto grande admiração de ver dois grandes trabalhadores da luz tão despachados, tão íntegros e tão seguros dos seus momentos presentes.

Adoraria chamá-la de "Arcanja Gabriela". Anjo Tobias. Há uns dias atrás captei suas vibrações no mundo angélico. Percebi que vocês estavam agindo nas nossas dimensões e fiquei efusivamente alegre e emocionado. E após seus contatos de minutos passados, fiquei impressionado com as suas histórias de sucesso. E nos termos terrenos, que "impressionantes e exemplares trajetórias de sucesso em suas carreiras". Aliás, que "premiações" duradouras as suas, hein, amados Anjos?

Agora, recebendo a outorga cósmica para agir como Anjos, lá vão eles, construindo um caminho melhor para todos aqueles que assim desejam e também para aqueles que tão pouco ou nada sabem de suas existências.

Novas histórias continuarão acontecendo

— Eu quero tanto ser um Anjo! – em estado de oração uma jovem de 21 anos apela para os Anjos. — Como poderia agir para conseguir tal evolução? Será que é possível tal graça para um humano? Continua em sua prece plena com pureza e propósito. Uma entrega verdadeira e um sentimento muito elevado.

Neste instante a antes chamada Maciela e agora então Gabriela permite ser vista por esta alma buscadora.

— Eu nunca tinha visto uma "Anja". – extasia-se a jovem. – Estudei sobre vocês e o meu coração sempre disse que vocês existiam.

— Seu amor lhe constrói! — Diz Gabriela em energia doce e suave. – Aqui estou para cooperar com a sua evolução. Você pode me chamar de Gabriela.

— Você pode ajudar-me a tornar-me "Anja", tanto quanto você? Eu me sinto pronta para ser o que a minha alma diz que nasci para alcançar e realizar.

Impressão: Gráfica Líder - **Fone:** (54) 3383.1373
www.lidergrafica.com.br - lidergrafica@lidergrafica.com.br

Outras Publicações

Luz da Serra
EDITORA

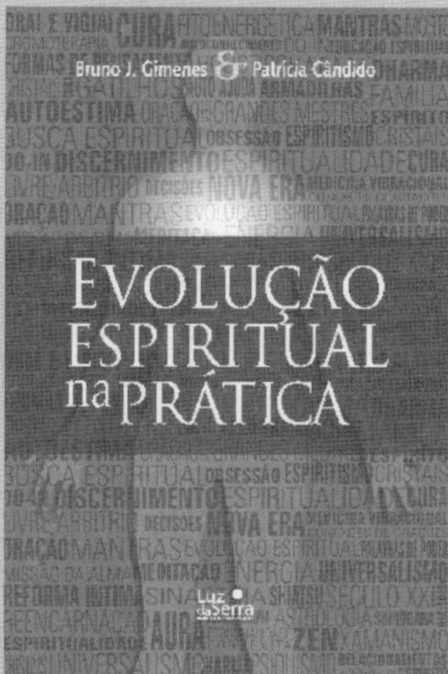

Evolução Espiritual na Prática

Bruno J. Gimenes e Patrícia Cândido

Esse trabalho é uma séria proposta que visa contribuir na evolução espiritual universalista (sem cunho religioso), na prática do dia a dia, com uma linguagem diferenciada por sua simplicidade e objetividade.
É um manual prático que proporciona ao leitor, condições de acelerar sua evolução espiritual, de forma consciente, harmoniosa, inspirando valores para alma, que o faça refletir sobre o sentido da vida e seus aprendizados constantes.

Páginas:344
Edição:3ª
Acabamento: Brochura
Formato:16x23 cm
ISBN:978-85-7727-200-6

Grandes Mestres da Humanidade

Lições de Amor para a Nova Era

Patrícia Cândido

É uma busca no passado que traz à tona a herança deixada pelos sábios que atingiram os níveis mais altos de consciência. Talvez a humanidade não perceba que as mensagens de Buda, Krishna, Gandhi, Jesus e outros seres iluminados nunca foram tão necessárias e atuais. Nesta obra, a autora reúne as propostas de evolução que cinquenta grandes almas apresentaram à humanidade.

Páginas:336
Edição:2ª
Acabamento: Brochura
Formato:16x23 cm
ISBN:978-85-7727-153-5

O Criador da Realidade

A vida dos seus sonhos é possível

Bruno J. Gimenes e Patrícia Cândido

O Criador da Realidade é uma obra que vai encher sua vida de prosperidade e possibilidades, pois lhe transformará em um criador consciente da sua realidade. De forma direta e eficiente, oferece todas as informações que você precisa saber para transformar a sua vida em uma história de sucesso, em todos os sentidos: saúde, relacionamentos, dinheiro, paz de espírito, trabalho e muito mais.

Páginas:128
Edição:2ª
Acabamento: Brochura
Formato:14x21 cm
ISBN:978-85-7727-234-1

Fitoenergética

A Energia das Plantas no Equilíbrio da Alma

Bruno J. Gimenes

O poder oculto das plantas apresentado de uma maneira que você jamais viu.

A Fitoenergética é um sistema de cura natural que apresenta ao leitor a sabedoria que estava escondida e deixada de lado em função dos novos tempos. É um livro inédito no mundo que mostra um sério e aprofundado estudo sobre as propriedades energéticas das plantas e seus efeitos sobre todos os seres.

Páginas:304
Edição: 4ª
Acabamento: Brochura
Formato: 16x23cm
ISBN:978-85-7727-180-1

Mulher - A essência que o mundo precisa
Bruno J. Gimenes
Orientado espiritualmente por Luara

Um novo jeito de pensar e agir a partir das bases amorosas aproxima-se para a humanidade, tendo como centro dessa transformação a energia essencial da mulher. Essa mudança já está acontecendo, estamos a poucos instantes de entrar em um movimento na Terra que removerá passo a passo as impurezas e excessos da atmosfera psíquica. Nesse evento dos planos superiores, a protagonista é a mulher, o ser que consegue armazenar em seu seio, a força das atmosferas sublimes, que é o antibiótico para a bactéria da ignorância mundana. E, quando a mulher lembrar da sua força e usar em sua essência, provocará um movimento que fará as sombras se dissiparem da Terra.

Páginas: 152
Edição:2ª
Acabamento: Brochura
Formato: 16x23 cm
ISBN: 978-85-7727-251-8

E o Lobo uivou para a Águia
Espiritualidade como prática de vida
Juarez Gurdjieff

Nesta obra, Juarez Gurdjieff apresenta o assunto da espiritualidade de forma prática e vinculada aos estados psicológicos da vida humana em vários segmentos.
Ao leitor cabe apenas o exercício de compreender e traduzir para a sua vida as reflexões advindas da tradição dos índios. Numa linguagem simbólica entre os animais, o diálogo que se estabelece produzirá benefícios incríveis em sua vida.

Páginas:136
Edição:1ª
Acabamento:Brochura
Formato:16x23 cm
ISBN: 978-85-7727-259-4

Encontro de Eus

Um caminho... Uma vida diferente...

Domício Martins Brasiliense

Encontro de Eus propicia a descoberta do Novo Eu. Conduz uma reflexão crítica, abordando aspectos fundamentais para a compreensão do que somos hoje a partir do somatório de fatos, lembranças, noções de amor e opções que fizemos. Mais do que denunciar o Eu desgostoso e oprimido, aponta aspectos relevantes para que tenhamos opções a partir da adequada percepção das coisas a nossa volta. Desenvolve a escuta necessária aos nossos sentimentos, preconizando um Eu de possibilidades a novas descobertas e mudanças para a felicidade.

Páginas: 128
Edição: 1ª
Acabamento: Brochura
Formato: 14x21cm
ISBN: 978-85-64463-07-3

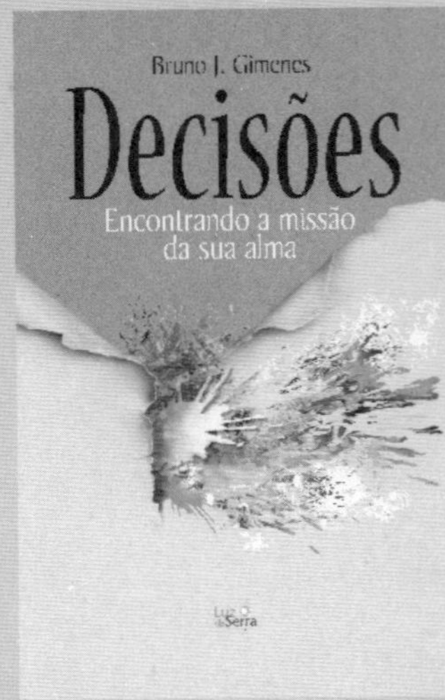

Decisões

Encontrando a missão da sua alma

Bruno J. Gimenes

A conscientização de que temos uma missão pessoal e o entendimento da importância em trilhar a vida de acordo com essa meta, são chaves para uma vida feliz e plena. Essa compreensão é o instrumento básico para tomar decisões acertadas na vida, bem como entender que os problemas de hoje podem ter origem nas escolhas mal feitas do passado. Atributos fundamentais para qualquer pessoa recriar suas atitudes e comportamentos. É um livro esclarecedor que mostra formas simples e eficientes para ajudar você a tomar decisões sábias, encontrar e realizar a missão de sua alma, produzindo em sua vida efeitos intensamente positivos.

Páginas:168
Edição: 3ª
Acabamento: Brochura
Formato:16x23 cm
ISBN: 978-85-64463-08-0